What to Do When
FAITH
Seems Weak
&
VICTORY
Lost

By Kenneth E. Hagin

믿음이 흔들리고 패배한 것 같을 때
승리를 얻는 법

케네스 해긴 지음 | 김진호 옮김

믿음의 말씀사

What to Do When FAITH Seems Weak & VICTORY Lost
by Kenneth E. Hagin

ⓒ RHEMA Bible Church
AKA Kenneth Hagin Ministries, Inc.
P. O. Box 50126 Tulsa, OK 74150-0126 U.S.A.
All Rights Reserved.

2008 / Korean by Word of Faith Company, Korea.
Translated and published by permission
Printed in Korea.

믿음이 흔들리고 패배한 것 같을 때 승리를 얻는 법

1판 1쇄 발행일 · 2008년 3월 13일
1판 3쇄 발행일 · 2011년 6월 16일

지 은 이 케네스 해긴
옮 긴 이 김 진 호
발 행 인 최 순 애
펴 낸 곳 믿음의 말씀사
주   소 경기 용인시 기흥구 마북동 320-2 엔젤빌딩 3층
전화번호 (031) 8005-5483 / 5493   FAX : (031) 8005-5485
홈페이지 http://faithbook.kr
출판등록 제68호 (등록일 2000. 8. 14)

ISBN 89-90836-56-5 03230
값 7,000원

본 저작물의 한국어판 저작권은 케네스 해긴 목사님을 통해 FAITH LIBRARY와의 독점 협약으로 '믿음의 말씀사'가 소유합니다. 저작권법에 의해 한국 내에서 보호를 받는 저작물이므로 무단 전재와 복제를 금합니다.

믿음의 방패 마크는 미국 특허청에 등록된 RHEMA Bible Church, AKA Kenneth Hagin Ministries, Inc.의 마크이므로 복제하여 사용할 수 없습니다. (The Faith Shield is a trademark of RHEMA Bible Church, AKA Kenneth Hagin Ministries, Inc., registered with the U.S. Patent and Trademark Office and therefore may not be duplicated.)

목 차

서 문 ··· 6

제1과 모든 어려움은 사단이 주는 것입니다 ················· 9
제2과 당신이 구하는 것에 관해 말하고 있는
        하나님의 약속을 확인하십시오 ·························· 27
제3과 죄 가운데 살지 않도록 주의하십시오 ················· 43
제4과 여러분의 삶에 불신과 의심이
        들어오지 못하도록 하십시오 ···························· 65
제5과 하나님께 구한 것을
        얻기를 진정으로 원하십시오 ···························· 95
제6과 믿음으로 구하고 조금도 의심하지 마십시오 ········· 113
제7과 단 한순간도 의심하지 마십시오 ························ 119
제8과 이미 되어진 것으로 여기십시오 ························ 123
제9과 하나님께 영광을 돌리세요 ································ 137
제10과 응답받은 것처럼 행동하십시오 ·························· 141

결 론 ··· 143

서 문

　아래 두 구절의 성경말씀(고후 4:4, 엡 6:10-17)이 말하는 대로 이 세상에는 우리를 해치려고 하는 사단이 존재합니다만, 하나님께서 이미 우리에게 사단을 물리칠 수 있는 무기를 주셨으므로 사단은 우리를 이길 수 없습니다. 그러므로 우리 중 누가 사단과의 싸움에서 패한다면 그것은 하나님의 탓이 아니며 우리의 잘못입니다. 또한 우리는 사단과의 싸움에서 져서 뒤로 물러갈 필요가 없습니다. 그러므로 우리 중 누군가가 져서 뒤로 물러가게 되었다면 그것은 하나님의 탓이 아니며 우리 잘못입니다. 하나님은 우리에게 그의 말씀을 주셨습니다. 우리에게 하나님의 말씀과 하나님의 전신갑주가 준비되었다면 우리는 사단과 싸워 이기기 위해 필요한 모든 것이 준비된 것입니다. 하지만 저는 아직도 수많은 그리스도인들이 이런 저런 문제로 어려움을 겪고 있는 것을 봅니다. 그들은 "도무지 어찌 해야 할 지 모르겠어요."라고 말합니다. 혹 여러분들도 그런 경험이 있으신가요? 내가 이 책을 쓴 이유는 이런 분들을 위해서 입니다. 이 책에 기록한 열 가지 단계를 순서대로 밟아 나간다면 여러분은 패배의 삶으로부터 확실한 승리의 길로 나아가게 될 것입니다. 이 책에 기록한 열 가지 단계는 피니스 제닝스 데이크 목사님이 쓰신 유명한 책

"사람들을 위한 하나님의 계획(God's Plan for Man)"의 9번째 부록에서 많은 도움을 얻었습니다.

— 케네스 해긴

그 중에 이 세상 신이 믿지 아니하는 자들의 마음을 혼미케 하여 그리스도의 영광의 복음의 광채가 비취지 못하게 함이니 그리스도는 하나님의 형상이니라 (고후 4:4)

종말로 너희가 주 안에서와 그 힘의 능력으로 강건하여지고, 마귀의 궤계를 능히 대적하기 위하여 하나님의 전신갑주를 입으라 우리의 씨름은 혈과 육에 대한 것이 아니요 정사와 권세와 이 어두움의 세상 주관자들과 하늘에 있는 악의 영들에게 대함이라. 그러므로 하나님의 전신갑주를 취하라 이는 악한 날에 너희가 능히 대적하고 모든 일을 행한 후에 서기 위함이라. 그런즉 서서 진리로 너희 허리띠를 띠고 의의 흉배를 붙이고 평안의 복음의 예비한 것으로 신을 신고 모든 것 위에 믿음의 방패를 가지고 이로써 능히 악한 자의 모든 화전을 소멸하고 구원의 투구와 성령의 검 곧 하나님의 말씀을 가지라 (엡 6:10-17)

제 1 과
모든 어려움은 사단이 주는 것입니다

첫 번째 단계 : 삶의 모든 어려움은 사단이 주는 것임을 알고, 굳게 서야 합니다.

많은 사람들이 하나님께서 하시는 일과 마귀가 하는 일을 잘 구분하지 못하고 있습니다. 자신의 삶에서 예상치 못한 어려운 일이 생기면 늘 이렇게 말합니다. "주님께서 이 일을 통해 나에게 어떤 교훈을 주시려나 보다." 수년 전 어느 부흥사도 자신의 집회에서 이런 식으로 이야기 하는 것을 들었습니다. 그는 동시에 2만 명을 수용할 수 있는 대형천막을 가지고 있었는데, 어느 날 강한 회오리바람(토네이도)이 일어나 그가 텍사스에 설치한 그 텐트를 어디론가로 날려버렸습니다. 그러자 그는 텐트를 다시 구입하기 위해 특별 헌금집회를 열고 그 집회에서 이런 말을 했습니다. "하나님께서 내 천막을 불어 날려버리셨는지 아니면 사단이 그렇게 한 것인지 잘 모르겠습니다." 이 말을 들었을 때 나는 무척 놀랐습니다. 하나님께서는 복음 전하기 위해 세워둔 천막을 날려버리시는 분이 아닙니다. 오히려 그런 천막들을 세우는 분이시지요. 어떤 사람들은 이렇게 묻습니다. "하지만 하나님께서 그 일을 직접 하시지 않으셨다고 해도, 허락하신 것 아닌가요?" 아니요, 그렇지 않습니다. 지금 이 세상은 하나님의 다스림 아래 있지 않습니다. 이 책의 첫머리에서 인용한 성경 구절(고후 4:4)은 이 세상을 다스리는 것이 사단이라고 말하고 있습니다. 지금 이 세상에 적용되는 자연법칙들은 사람이 타락한 후에 이 땅이 저주를 받은 때로부터 시작된 것입니다. 이것을 알지 못하기 때문에 사람들은 사고를 당하거나 질병에 걸리며, 또는 사랑하는 사람들을 잃게 되거나, 폭풍, 천재지변, 지진 그리고 홍수가 나면 그런 것을 하나님이 행하신 일로 생각하고, 하나님을 원망하거나 혹은 그것에 무슨 뜻이 있다고 생각하는 것입니다.

 우리가 아는 성경의 예입니다만, 예수님께서 사람들에게 축복을 주시기 위해 세상의 이런 자연법칙을 거절하신 적이 있습니다. 예수님이 배 위에서 폭풍을 꾸짖으면서 이렇게 말씀하셨습니다. **"평안하라 잠잠하라."** 예수님 하신 일이지만 요한복음 14장 10절을 보면 폭풍을 꾸짖어 잠잠케 하신 분은 실제로는 예수님 안에 계신 하나님이셨습니다. 만일 폭풍을 시작하신 분이 하나님이라면, 하나님은 스스로를 거슬러서 자신이 시작한 일을 중단시키신 셈입니다. 예수님이 행하셨던 치유에도 같은 원리를 적용할 수 있습니다. 예수님은 치유를 행하시면서 "내 안에 계신 아버지께서 역사하신다."고 하셨습니다. 그러므로 모든 치유, 모든 기적을 포함해서 예수님께서 하신 모든 일은 실제로는 하나님께서 하신 것입니다. 만일 우리들 중 누구의 말처럼 사람들이 앓는 것과 질병을 겪는 것에 하나님의 무슨 심오한 뜻이 있으신 것이라면, 하나님께서는 예수님을 통해 사람을 치유하심으로 스스로 자신의 심오한 계획을 무너뜨리는 일을 하신 셈입니다. 그럴 수는 없지요. 예수님께서 이렇게 말씀하셨습니다. *"... 또 만일 나라가 스스로 분쟁하면 그 나라가 설 수 없고 만일 집이 스스로 분쟁하면 그 집이 설 수 없고"(막 3:24, 25).*

(재앙이) 어디에서 오는지를 확실히 알자
(Detertmine the Source)

예수님께서 자신의 일과 마귀의 일을 비교하시면서 하신 말씀을 자세히 살펴볼 필요가 있습니다.

> 요 10:10
> 도둑이 오는 것은 도둑질하고 죽이고 멸망시키려는 것 뿐이요 내가 온 것은 양으로 생명을 얻게 하고 더 풍성히 얻게 하려는 것이라

예수님이 자신의 일과 마귀가 하는 일을 대조해서 설명하셨지만 이것은 곧 하나님의 일과 마귀의 일을 대조해서 설명하신 것과 같습니다. 왜냐하면 예수님은 자신이 하나님의 일을 하신다는 말씀을 하신 적이 있기 때문입니다. "때가 아직 낮이매 나를 보내신 이의 일을 우리가 하여야 하리라. 밤이 오리니 그 때는 아무도 일할 수 없느니라"(요 9:4). 다른 한 제자가 예수님께 "아버지를 보여주십시오."라고 요청하자 예수님은 "빌립아 내가 이렇게 오래 너희와 함께 있으되 네가 나를 알지 못하느냐 나를 본 자는 아버지를 보았거늘 어찌하여 아버지를 보이라 하느냐 나는 아버지 안에 있고 아버지는 내 안에 계신 것을 네가 믿지 아니하느냐 내가 너희에

게 이르는 말이 스스로 하는 것이 아니라 아버지께서 내 안에 계셔 그의 일을 하시는 것이라"라고 말씀하시기도 하셨습니다.

그러므로 만일 하나님께서 어떻게 역사하시는 지를 보고 싶다면, 예수님이 어떻게 하셨는지를 보면 됩니다. 여러분이 하나님의 말씀을 잘 살펴본다면 이런 재앙을 누가 일으키는지에 대해 혼란을 느끼지 않을 것입니다. 하지만 대부분의 사람들은 글을 읽는 것을 배워 하나님의 말씀을 읽기도 전에 어린 시절부터 종교적으로 세뇌를 당합니다. 어려서부터 늘 성경과 일치되지 않는 이야기를 듣고 자라는 것입니다. 심지어 우리들이 다니는 교회에서 조차도 성경과 일치되지 않는 설교를 듣습니다. 우리가 어려서부터 들어온 이야기들은 재앙의 원인 같은 영적인 문제를 어떻게든 사람들의 머리(이성)로 풀어낸 결과입니다. 그러나 영적인 문제를 사람들의 생각(이성)으로 바르게 해석해 낼 수는 없습니다.

이제라도 여러분이 하나님의 말씀을 주의 깊게 읽는다면, 성경은 여러분의 생각을 바로잡아 줄 것입니다. 여러분의 생각을 하나님의 말씀과 일치시키십시오. - 그 동안 배워왔던 것이나 누군가에게서 들었던 것이 여러분이 직접 살펴본 성경의 내용과 다르다면 그런 것들을 버리고 성경을 따라야 할 것입니다. 스스로에게 항상 이런 식으로 질문해 보십시오. "하나님의 말씀은 무엇이라고 말하고 있나?"

예수님께서 자신의 일과 마귀의 일을 비교하시면서 하신 말씀(요 10:10)을 자세히 살펴볼 필요가 있습니다. 예수님께서 말씀하신 "도적"은 하나님을 가리키신 것이 아니지요. 하나님은 도적이 아니시니까요. 물론 예수님도 도적이 아니십니다. 마귀가 도적이지요. 예수님은 마귀를 도적이라고 부르신 것입니다. 예수님은 이어서 이렇게 말씀합니다. "도적이 오는 것은 도적질하고 죽이고 멸망시키려는 것뿐이요…" 도적질하고 죽이고 멸망시키는 것은 도적이 하는 일입니다. 그런 것들은 모두 마귀가 하는 일들이며 하나님의 일이 아닙니다. 한 가지 더 주의해서 생각할 것은 성경 – 특히 구약성경 – 에서는 마치 하나님이 어떤 일(재앙)을 하신 것처럼 기록되었지만, 사실 하나님이 그 일을 하신 것이 아닙니다. 다시 말하면, 하나님은 그런 일과는 아무런 관련이 없으십니다. 또한 하나님께서는 누구에게든 마귀를 보내는 일도 하지 않으십니다. 하나님은 이미 구약의 백성들에게 이렇게 경고하셨습니다. "만일 너희가 죄를 지으면 이런 일(재앙)들이 너희에게 임할 것이다." 예를 들어, 어떤 사람이 지붕위에 올라갔다가 떨어져서 다리가 부러졌다고 합시다. 중력의 법칙을 만드신 분이 하나님이지만 그 사람은 "하나님이 내 다리를 부러뜨리셨다"라거나 "하나님이 나를 밀어 지붕에서 떨어뜨렸다" 또는 "하나님이 나를 그렇게 하셨다"고 말할 수는 없겠지요. 중력의 법칙이 작동하도록 하신 분은 하나님이시지만, 다리가 부러진 사람은 스스로 그 법칙에 주의를 기울이지 않아, 그런 부주의한 행동의 열매를 거둔 것뿐입니다. 하나님이 중력의 법칙을 만들었지만, 결코 그 사람의 다리를 부러뜨리려고 한 적은 없으며, 그 사람을 지붕에서 떨어뜨리려고 한 적도 없습니다. 그 사람이 사고로 또는 부주의해서 지붕에서 떨어진 것뿐입니다.

주변에 있는 사람들의 삶에 종종 일어나는 일에 대해서도 같은 이야기를 할 수 있습니다. 사람들이 아프거나 질병에 걸리거나 또는 끔찍한 사고를 당하게 되면, 그들은 "하나님께서 그렇게 하신 것"이라고 말하곤 합니다. 그러나 하나님이 그렇게 하신 것이 아닙니다. 그런 일은 사람의 죄악으로 인한 것입니다. 사고를 당한 바로 그 사람이 어떤 특정한 죄를 지었기 때문이라는 말은 아닙니다. 다만, 인간의 조상 아담은 죄를 지었으며 우리들은 그 죄의 결과를 상속받은 자들이지요. 존 알렉산더 도위(20세기 초 하나님의 치유사역자, 역자주)가 이렇게 이야기 했습니다. "질병은 모친인 사람들의 범죄와 부친인 사단 사이에서 난 더러운 자식이다." 우리 모두는 죄를 지었기 때문에 하나님의 영광에 이르지 못하게 되었습니다만(롬 3:23), 하나님은 우리로 그렇게 죄를 짓도록 하신 것이 아니며, 단지 죄를 지으면 그렇게 될 것이라고 경고하셨을 뿐입니다. 하나님은 죄 지은 자들에게 그런 일이 일어나도록 하신 것도 아니며 사람들이 마귀의 말을 들었기 때문에 그런 일이 일어난 것입니다.

사단이 처음부터 이 세상의 신이었던 것은 아닙니다. 모든 것의 시작을 기록한 성경인 창세기를 보면 알 수 있는데, 아담이 이 세상의 신이었습니다. 하나님께서는 세상을 만드시고 그 안에 모든 것을 지으셨습니다. - 그리고 그것은 모두 좋았습니다. 나쁜 것이라고는 하나도 없었습니다. 그리고 하나님께서 마지막으로 그의 사람인 아담을 만드시고 이렇게 말씀하셨습니다. "아담아, 나의 손으로 만든 모든 것을 통치할 권세를 너에게 준다." (그것은 이 땅 위에 있는 모든 것을 다스리는 권세였습니다.) "아담 네가 잘 다스려라." 다시 말해서, "내가 너를 이 세상의 신으로 만들었다. 네가 그것을 잘 운영해라."라고 하신 것입니다. 그렇지만 아담이 죄를 지었고, 그것은 마귀에게 그 권세를 팔아넘긴 것입니다. 아담에게는 그렇게 할 도덕적인 권리는 없었습니다만(즉 그렇게 한 것은 옳은 일이 아니었습니다), 적어도 법적으로는 사단에게 넘겨줄 수 있는 권리를 가지고 있었습니다(하나님께서 그에게 이 땅을 다스릴 권리를 주셨으니까요). 그 이후로 마귀는 이 땅을 다스리기 시작한 것이며, 이 세상의 신이 된 것입니다(고후 4:4). 성경은 예수님께서 시험받으셨던 일을 기록하고 있습니다. 우리는 이 부분을 자세히 볼 필요가 있는데 그 부분을 읽으면 사단이 어떻게 이 땅에 대한 통치권을 가지게 되었는지를 짐작할 수 있습니다.

> 눅 4:5-8
> 5 마귀가 또 예수를 이끌고 올라가서 순식간에 천하만국을 보이며
> 6 이르되 이 모든 권위와 그 영광을 내가 네게 주리라 이것은 내게 넘겨 준 것이므로 내가 원하는 자에게 주노라
> 7 그러므로 네가 만일 내게 절하면 다 네 것이 되리라
> 8 예수께서 대답하여 이르시되 기록된 바 주 너의 하나님께 경배하고 다만 그를 섬기라 하였느니라

어느 목사님이 라디오설교에서 이 성경 구절에 대해 이렇게 설교하는 것을 들은 적이 있습니다. "천하만국은 사단에게 속한 것이 아닙니다. 모두 하나님께 속한 것입니다. 사단은 거짓말을 한 것입니다." 이 목사님의 말씀이 옳다면 예수님께서도 그 말이 거짓임을 아셨을 것입니다. 그렇다면 예수님은 사단의 말로 인해서는 아무런 시험을 받으실 수 없습니다. 그러나 성경은 예수님께서 시험을 받으셨다고 말하고 있습니다. 그 목사님은 우리 주 예

수 그리스도께서 시험거리가 되지 못하는 것임에도 불구하고 거짓으로 또는 우리를 속이려고 짐짓 어려운 시험을 받으신 것처럼 가장하셨다는 것이 됩니다. 의도하지는 않았겠지만 예수님을 비난하는 설교를 한 셈입니다. 사단의 이 말이 진정한 시험거리가 안 되는 것이라면 예수님은 우리에게 과장을 하신 셈이지요. 예수님은 또한 천하만국을 자신에게 **넘겨주었다는** 사단의 말(6절)에 대해 단 한마디도 부인하지 않으셨습니다. 누가 그것을 사단에게 넘겨주었습니까? 아담이 그렇게 했습니다.

물론 성경은 마지막 날에 사단이 이 땅에서 쫓겨날 것이며, 그 날에는 "해함도 없겠고 상함도 없으리라"고 말합니다. 그 날은 놀라운 날이 될 것입니다. 그러나 우리가 주목하는 것은 하나님께 감사하게도 오늘 당장부터라도 우리는 사단의 통치를 거절할 수 있다는 것입니다. 그가 이 세상의 신이기는 하지만 그는 교회를 통치할 권리가 없습니다. 그는 믿는 자들인 우리를 통치할 권리가 없는 것입니다.

뒤로 물러가지 말고 굳게 서십시오
(Stand Your Ground)

이 세상에는 우리 삶에 여러 가지 장애를 주는 자인 사단이 있음을 인식하고, 장애가 있어도 뒤로 물러가지 않는 것이 중요합니다. 많은 사람이 조금만 어려워지면 자신들이 추구하던 것을 쉽게 중단해 버립니다. 그들이 추구하는 것이 안 되는 이유가 바로 사단이라는 것을 알아차려서 사단을 대적하는 일은 하지 않습니다. 우리가 기도하는 수많은 것들 – 재정적인 안정, 치유 등 – 은 우리가 기도한 대로 이 땅에서 이루어지도록 되어 있습니다. 다만 사단이 아직 이 땅에 남아 있는 것이 문제입니다. 그는 기도 응답이 이루어지는 길에 온갖 방해물을 쌓아놓습니다. 기도생활 중 기도응답이 조금만 늦으면 사람들은 이렇게 말합니다. "아마도 내가 그런 것을 가지는 것은 하나님의 뜻이 아니기 때문에 응답하지 않으실거야." 현재 자신이 추구하는 것을 방해하는 자가 사단이라는 사실을 알고 그들이 활동하는 것을 막아야 할 때 막지 못하므로, 결국 사단과의 싸움에서 패하여 자신의 삶에 주어진 것을 놓치게 됩니다.

이 책의 서두에는 에베소서 6장의 몇몇 구절이 기록되어 있습니다. 우리가 처리해야 할 대적은 사단임을 밝히는 구절입니다. 에베소교회 성도들에게 "종말로 형제들아 주 안에서 강하여라(10절)"라고 단순하게 권면하고 있습니다. 이 구절을 읽고 "예! 강해지려고 노력하고 있습니다."라고 하는 분이 있습니다. 하지만 이 구절은 이 땅의 성도들에게 스스로 강해지라고 하는 말이 아닙니다. 많은 분들이 이 점을 잘 알지 못하고 있습니다. 영적인 성경 구절을 자연적인 상태에서 이해하고 스스로 강해지려고 합니다. 성경 구절을 자세히 읽어보면 우리가 스스로 노력해서 강해지라고 하는 말이 전혀 아님을 알 수 있습니다. "네 스스로 강한 자가 되라"는 것이 아니라 "주 안에서와 그 힘의 능력으로 강한 자가 되라"고 말하는 것입니다.

성도들의 모임에서 나는 종종 이런 기도부탁을 듣습니다. "내가 끝까지 충성되게 견뎌낼 수 있도록 기도해 주십시오." 기도 부탁을 하는 사람은 좋은 마음의 태도를 가지고 있긴 합니다만, 그는 단지 그렇게 하려고 애를 쓰고 있는 것에 불과합니다. 기도부탁을 하는 그 사람은 자신이 그렇게 끝까지 견뎌낼 수 있을 지에 대해 전혀 확신이 없습니다.

내가 자주 인용하는 예화가 있습니다. 1932년 5월 11일에 약 만 명에 가까운 인파가 캘리포니아 샌디애고시의 키어니 해군기지에 모였습니다. 미 해군의 8백만 불짜리 USS 애크론 호, 세계에서 가장 큰 조종이 가능한 비행선의 출범을 환영하려고 모인 것입니다. (그 당시 미국 정부는 공기보다 더 가벼운 비행선을 실험하고 있었습니다.) 이 비행선을 땅에 고정시키는 두 개의 닻은 외견상 견고해보였지만, 갑자기 그 중 한 개의 닻과 케이블이 연결된 고리가 부서지면서 785피트(약 240m)나 되는 거대한 비행선이 하늘로 떠오르기 시작했습니다. 닻과 연결된 밧줄을 잡고 있던 두 그룹의 해군병사들이 애크론호를 다시 닻과 연결하여 고정시키려고 했지만 갑자기 불어온 강풍이 비행선을 흔들었고, 비행선을 붙들고 있던 약 200여명의 해군병사 중 많은 수의 병사가 비행선과 함께 20~30피트(6~9m) 정도 하늘로 떠올랐습니다. 몇 명의 병사는 땅에 떨어져 크게 다쳤습니다. 그리고 애크론호가 계속하여 올라가는 동안에 300피트 정도 되는 케이블에 3명이 남아 매달려 있었습니다. 그 당시 신문에 난 기사에 의하면 바라보던 사람들은 몹시 흥분했고, 여자들은 기절을 했습니다. 장교들은 그것을 보고 울기도 했고, 군인들은 그 케이블에 달려있는 세 사람을 도울 방법을 찾지 못한 채 사방으로 뛰어다녔습니다. 얼마가지 않아 세 사람 중 두 사람은 더 이상 케이블을 잡지 못하고 150피트와 200피트 상공에서 떨어져 죽고 말았습니다. 세 사람 중 가장 높이 매달려있던 해군병사는 오클라호마주 출신의 19살의 군인이었는데 그는 나무로 된 손잡이에 그의 발을 고정시키고, 케이블에 달려있던 다른 줄들로 그의 몸을 감았습니다. 그는 애크론호가 2000피트까지 올라갈 때까지 줄에 달려 있었습니다. 밑에서 공포에 사로잡힌 채 그를 올려보고 있던 사람들은 그도 어느 순간에는 힘이 빠져 떨어져 죽을 것이라고 생각했습니다. 30분이 지나갔습니다. 여전히 그는 높은 하늘에서 몸을 움직이고 있었습니다. - 그는 여전히 살아있었던 것입니다! 그 거대한 비행선을 내리려는 노력들은 강풍 때문에 실패하였고, 애크론호가 샌디아고시를 돌고 있는 동안 결국 비행선 안에 있던 승무원들이 그 해병의 손을 잡고 비행선 안으로 끌어들임으로써 2시간 동안의 시련이 끝이 났습니다. 사람들이 그에게 "어떻게 그렇게 오랫동안 붙잡고 있을 수 있었습니까?"라고 묻자 그는 "내가 붙잡고 있었던 것이 아닙니다. 땅에서 너무 높이 떠올랐다는 것을 알았을 때 나는 밧줄로 나의 몸을 묶었지요. 내가 밧줄을 잡고 있었던 것이 아니고 밧줄이 나를 붙잡고 있었던 것이랍니다."라고 대답했습니다. 저 아래 땅에서는 사람들이 비명을 지르고 있었을 때 그는 위에서 경치를 감상하고 있었던 것입니다. 그는 자신의 힘으로 밧줄을 잡고 견딜 수 있으리라고 믿지 않았으며, 밧줄이 그를 붙잡아 줄 수 있으리라고 믿었습니다. 그는 자신을 잡고 있는 밧줄을 믿고 자유롭게 흔들리고 있었던 것입니다. 이것이 바로 하나님의 말씀이 말하고 있는 것입니다. "주 안에서와 그 힘의 강력으로 강건하여지고." 그냥 하나님의 약속으로 당신을 싸고 자유롭게 흔들리십시오. 단지 스스로를 즐기면 되는 것입니다. 만일 당신이 스스로의 힘으로 붙잡으려고 하면 멀지 않아 지쳐버리게 될 것입니다.

그렇습니다, 우리를 해하려는 교활한 적이 있습니다. - 그러나 하나님께 감사하게도 우리들은 그를 이길 수 있습니다. 어떤 사람은 이렇게 말합니다. "저는 제가 아는 것은 다 했습니다. 이제 어떻게 하면 좋겠습니까?"

"... 너희가 능히 대적하고 모든 일을 행한 후에 서기 위함이라"(엡 6:13,14). 그냥 계속 서 있으십시오! 그것이 당신이 할 일입니다!

내가 여섯 살 때 아버지는 우리 가족을 버리고 집을 나갔습니다. 어머니는 아버지와의 갈등으로 인해 신경과 육신이 몹시 쇠약해지셨기 때문에 우리 가족은 모두 어머니와 함께 외할아버지 댁에 가서 살아야 했습니다. 외할머니가 집밖으로 나가셔서 옷을 빨아 마당에 있는 빨래줄에 걸든지, 밖에서 일을 하셔야 할 때마다 외할머니는 나에게 어머니를 잘 살피라고 하셨습니다. 어머니께서 때때로 자살하려는 충동을 보였기 때문입니다. 나는 어머니가 칼이나 다른 위험한 흉기를 들지나 않는지 주의 깊게 살펴야 했던 것입니다. 이 일은 어린아이였던 나에게 깊은 인상을 남겨 놓았습니다. 주제에서 벗어난 이야기지만 나의 어머니는 그리스도인이었습니다. - 그렇지만 아직 유아기의 그리스도인이었습니다. 어머니는 그리스도를 자신의 구세주로 알고 있었습니다. 그렇지만 어머니는 자신의 자리를 지켜야 하는 일에 대해서는 알지 못했습니다. 만일 어머니가 자살을 했어도 구원을 받을 수 있었을까요? 우리가 때때로 복통을 앓을 수 있는 것처럼 우리들의 마음(머리)도 병들 수 있습니다. 어떤 사람이 배가 아프다고 해서 지옥에 가지는 않을 것처럼 마음(머리)이 병들어 아프다고 해서 지옥에 가지는 않습니다. 머리에 병이 든 것이 천국에 가는 것을 방해하지는 않습니다.

 사람들은 마음(머리)에 병이 들면 그들 스스로 무슨 일을 하는지 모를 수 있습니다. 어머니는 80세까지 사셨습니다. 어머니가 회복되신 후 몇 년이 지난 어느 날, 나는 목회를 하고 있었는데, 어머니를 감시해야 했던 옛 이야기를 어머니께 한 적이 있습니다. 어머니는 "아들아, 그런 소리 말아라. 너는 내가 그리스도인인 것을 알지 않니. 그리스도인인 내가 그런 일을 할 리가 없지. 내가 내 생명을 끊을 수는 없단다."라고 말씀하셨습니다. 어머니는 그런 일에 대한 기억이 전혀 없었던 것입니다. 나는 두 번 다시 그런 이야기를 꺼내지 않았습니다.

 어머니께서 마음(머리)이 병들어 여러 가지 어려움을 겪고 있을 때 달라스의 한 밥티스트 병원으로 보내졌었는데, 그 병원의 담당의사는 남서부 지역에서는 가장 유명한 신경 전문의사 였습니다. 담당의사는 모든 검사를 다 해본 뒤에 어머니의 시력을 회복시키는 수술의 성공가능성은 그리 많지 않다고 말했습니다. (그 때 어머니의 심신이 너무 쇠약해져서, 앞을 보지 못하게 되었습니다. 외견상으로 어머니의 눈은 다른 사람들과 다름이 없었지만, 눈의 신경이 심한 충격을 받아 빛을 볼 수 없게 약해진 것입니다.) 그 담당의사는 수술대신 어머니에게 이렇게 조언했습니다. "신경치료를 위해서 약이나 다른 의사보다도 더 좋은 방법이 있습니다. 이렇게 해보세요. 그것은 스스로에게 말을 하는 것인데요. 성경 에베소서 6장 13,14절에 '모든 일을 행한 후에 서기 위함이라'고 말하고 있지요. 앞으로 당신이 언제든 이런 일들로 공격을 받고 있다고 생각되면, 스스로에게 '아니야, 난 굳게 서서 이런 공격을 받지 않을 거야.'라고 말하세요."

　어머니 주변에 있는 우리조차도 어머니가 끔찍한 공격을 받기 시작한다는 것을 알 수 있었습니다. 어머니는 공격을 받으면 우울증에 빠지곤 했습니다. 공격이 시작되면 어머니는 과거에 그녀가 겪었던 모든 나쁜 일들을 생각하고 또 되새기곤 했습니다. 이미 말한 대로 나의 외할아버지는 어머니의 결혼을 반대하셨습니다. 아버지가 좋은 가정 출신이 아니어서가 아니었습니다. 할아버지는 백만장자였으니까요. 아버지는 외아들이었기 때문에 원하는 것은 모두 가질 수 있었습니다. 할아버지는 아버지가 사업을 시작할 수 있도록 오만달러(당시 돈으로는 거액이었습니다)를 지원했는데, 아버지는 하는 사업마다 실패했고, 모두 다섯 번이나 지원했지만, 성공하지 못하고 결국 모두 탕진하고 말았습니다. 부모님이 반대하는 결혼을 한 뒤에 곤란을 겪게 되자 어머니는 이렇게 말했습니다. "자업자득이지요." 어머니는 자신이 한 일에 대해 책임을 지려고 했지만, 그렇게 할 수 없었습니다. 만일 여러분들도 조심하지 않으면 과거에 자신이 행한 실수나, 아쉽게 놓쳐버린 것을 되풀이해서 생각하므로 침체에 빠지게 되고, 우울의 영에 사로잡히게 됩니다. 그렇게 하는 것은 사단에게 문을 열어놓는 행동들입니다.

　이렇게 과거의 잘못된 일을 되새기기 시작하면 혼란스럽게 되고, 낙담하게 되고, 눌리게 되어 결국에는 스스로가 무엇을 하고 있는 건지, 어디로 가고 있는 건지, 심지어 자신의 이름이 무엇인지 조차도 잊어버리게 됩니다.

그 때에 우리는 하나님의 치유하심이나 치유기도 등에 대해서는 아는 것이 없었지만, 어머니는 의사가 해준 조언을 충실하게 따랐습니다. 그녀는 단지 자기의 위치를 굳게 지켰던 것입니다. 그녀는 더 이상 그런 생각들이 자신을 공격하지 못하도록 했습니다. 가끔은 그 전처럼 다시 우울증에 빠지는 단계에 들어가기도 했지만, 다시 의사의 처방에 따랐습니다. 그러자 예전과 같은 마음을 잃어버리는 격심한 증세는 완전히 사라져버렸습니다.

그 당시 우리 가정의 담임목사님은 어머니를 어떻게 도와주어야 하는지 알지 못했지만, 담당의사 선생님은 어머니를 어떻게 도와야 할지를 잘 알았고, 어머니가 그런 것들에 대항해서 자신의 위치를 지킬 수 있도록 도울 수 있는 최소한의 성경 구절을 어머니에게 준 것입니다.

그 의사 선생님은 그런 공격은 대항해야 할 적이며, 가까이 할 친구가 아니란 것을 알고 있었습니다. (도적이 오는 것은 도적질하고 죽이고 멸망시키려는 것뿐이요, 내가 온 것은 너에게 생명을 얻게 하고.) 의사 선생님의 처방은 "그런 공격에 대항하세요. 그런 공격에 지지 말고 '나는 그런 공격을 받지 않겠다. 나는 뒤를 돌아보며 되새기는 일을 하지 않겠어' 라고 말하세요."라는 것이었습니다. 어머니는 의사의 처방을 굳게 지켰고, 모든 증상들은 사라졌습니다. 그 뒤로 50년 동안 어머니는 다시는 신경증 증세를 겪지 않았습니다.

그 의사 선생님이 어머니를 도와서 적이 누구인지를 알게 하고, 그것을 대적할 수 있는 힘이 있음을 알게 한 것처럼 여러분들도 잘못된 것에 지지 말고 대항해야 합니다. 하지만 우리는 거짓말, 도적질, 간음, 살인 같은 것만이 우리의 적이고 악한 것이라고 잘못 생각하고 있습니다. 물론 그런 것이 모두 악한 것입니다만 그런 것 말고도 심한 악이 있습니다. 성경은 *의심하는 것(불신앙)*이 악이라고 말합니다. 의심이 악이라는 사실은 가나안 땅을 정탐하러 갔던 10명의 정탐꾼이 가져온 "악한 보고서"(민 13:32)를 생각나게 합니다. 나는 어렸을 때부터 이런 진리를 알게 된 것이 기쁩니다. 성령충만을 받고 그런 것에 대한 지식을 전혀 갖지 못한 상태에서, 의심이 나를 찾아올 때마다 내가 한 실제적인 행동들은 이것입니다. 의심이 찾아올 때면 내가 어느 곳에 있든지 – 방 한가운데 있든지 아니면 길거리 한가운데 있든지 – 그 곳에 멈춰 섰습니다. 그리고 그 곳에 혼자 있는 상황이라면 큰소리로 말했고, 주위에 여러 사람이 있으면 조용히 말했습니다(난데없이 큰소리로 말해서 다른 사람들을 놀라게 할 필요는 없겠지요). 그럼에도 계속 의심이 지속되면, "의심아 내가 너를 대적한다"라고 말했습니다. 내가 나를 대적하는 것을 원수로 보고 있었던 것을 알 수 있겠지요. 나는 그것에게 내어주지 않을 것입니다. 그 원수는 바로 사단입니다. 그러므로 "의심아 내가 너를 대적하노라, 예수 그리스도의 이름으로 난 너를 거절하노라"라고 말했습니다.

또 어느 때에엔 **두려움**도 찾아옵니다 – 나도 역시 다른 사람들처럼 두려움을 느낄 때가 있습니다. 그럴 때면 "두려움아, 난 너를 대적한다."라고 말합니다. 두려움이나 의심은 모두 악한 것임을 잘 알고 있습니다. 그런 두려움이나 의심이 나에게서 무언가를 훔치려고 찾아올 때 그런 것들에게 지지 않습니다. 여러분도 그렇게 하시겠지요? 만일 여러분 중 누군가가 나의 집에 찾아와서 테이블 위에 수백불의 현금이 있는 것을 보면 '내가 저것을 가져야겠다. 보는 사람도 없고 해긴 형제도 없으니...'라고 생각하겠습니까? 아마도 그렇지 않을 것입니다. 혹 그런 생각이 들더라도 여러분은 즉시 안 된다고 거부할 것입니다. 또한 교회에 가서 사람들에게 이렇게 말하는 분은 없으실 것입니다. "여러분 저를 위해 기도해주십시오. 마귀가 찾아와 해긴 형제의 집에서 돈을 훔치도록 나를 유혹하고 있습니다." 부끄러워서라도 이런 말을 하는 사람은 없을 것입니다. 또는 "여러분 저를 위해 기도해주십시오. 마귀가 주유소를 털라고 나를 유혹하고 있습니다. 거의 그렇게 할 뻔했습니다. 거기까지 갔다가 겁이 나서 돌아왔습니다. 내가 주유소에 가서 돈을 훔치지 않도록 기도해 주십시오."라고 말하는 사람도 없을 것입니다. 우리들은 아마도 그런 말을 하기보다 그런 생각이 드는 즉시 그런 생각을 떨쳐버릴 것입니다. 그런 생각이 어디서 오는지 여러분은 알고 있습니다. 남의 물건을 훔치려는 생각을 부끄러워하며 즉시 떨쳐버리듯이 **의심**이나 **두려움**도 같은 데서부터 오는 악한 것들이므로 그런 것이 오는 즉시 같은 방법으로 떨쳐버리십시오. "나는 잠시도 너를 내 마음에 두지 않을 거야"라고 말하십시오. 만일 여러분이 승리하기 원한다면 모든 적의 근원은 사단이라는 것을 인정해야 합니다. 그리고 그것에 대하여 대적해야 합니다. 사단은 이 세상의 신입니다. 그리고 사단은 아직 이 땅에 있을 권리가 있는 것입니다.

"해긴 목사님, 저를 위해 기도해 주세요." 한 남자가 아주 심각한 얼굴로 내게 기도 부탁을 했습니다. "물론입니다. 성도님의 기도제목이 무엇인가요?" 그의 눈에 눈물이 고였습니다. "다시는 마귀가 저를 괴롭히지 않기를 원합니다."

"그럼 제가 성도님이 죽도록 기도하기를 바라시나요?"

"아닙니다. 죽기를 원하는 것은 아니예요."

"성도님이 세상에서 마귀와 더 이상 문제를 갖지 않으려면 죽어서 천국으로 가는 길 밖에 없습니다. 성도님이 이 땅에서 사는 동안엔 마귀와의 문제가 없어지지 않을 것입니다. 마귀는 이 세상의 신이니까요." 당신이 마귀와 더 이상 문제를 갖지 않도록 기도하는 것은 소용없는 일입니다. 마귀는 어느 골목에서도 나타날 것입니다. 아담이 넘겨준 다스리는 기간이 다할 때까지는 마귀는 여기 있을 권리가 있습니다. 사람을 사로잡은 귀신들이 예수님을 알아보고 이렇게 소리를 질렀던 것을 기억하십니까? "하나님의 아들이여 우리와 당신과 무슨 상관이 있나이까 때가 이르기 전에 우리를 괴롭게 하려고 여기 오셨나이까"(마 8:29). 아직 그 때가 이르지 않은 것입니다. 아담이 넘겨준 이 땅을 다스릴 기간이 만료되면 마귀는 없어질 것입니다. 그 때까지는 그는 여기 있을 권리가 있습니다. 다만, 하나님께 감사합니다. 우리에겐 주 예수 그리스도의 이름으로 마귀를 대적하여 이길 권세가 있다는 것을 우리는 알아야 합니다. 우리는 그에 대적하여 설 수 있습니다. 우리는 주 예수 그리스도를 통하여 승리할 수 있습니다.

제 2 과

당신이 구하는 것에 관해 말하고 있는 하나님의 약속을 확인하십시오

두 번째 단계 : 하나님의 약속인 성경 구절이 당신이 구하고 믿는 것들을 주시겠다고 약속하신 것인지 확인하십시오.

믿음 – 성경이 말하는 믿음 – 은 하나님의 말씀에 근거하여야 하는 것입니다. 믿음은 하나님의 말씀을 들음으로써 오는 것입니다.

> 롬 10:17
> 그러므로 믿음은 들음에서 나며 들음은 그리스도의 말씀으로 말미암았느니라

만일 여러분이 하나님의 말씀을 넘어서게 되면 여러분의 믿음은 아무런 근거가 없어집니다 – 그리고 여러분은 곧 문제에 부딪히게 될 것입니다. 나는 사람들이 좀더 상식 있게 행동해야 한다고 느낍니다. 사람들이 단지 추측이나 어리석은 생각에 불과한 것들을 입으로 말하며, 그것을 믿으려고 노력하며 그것이 믿음이라고 말하

며 돌아다니는 것은 이해하기 어렵습니다. 소년으로, 주님을 만난 지 네 달밖에 되지 않았었지만 나는 이런 면에서 옳고 그름을 분별할 수 있었습니다.

예를 들어 보겠습니다. 이 일은 내가 구원을 받은 이후 행한 '믿음의 첫걸음'의 예입니다. 침대에 누워서 생활한지 4개월째 되던 때였습니다. (꼼짝 못하고 침대에 누워 지낸 기간은 모두 16개월입니다.) 의사 선생님은 나에게 부드러운 음식을 먹도록 하셨는데, 그런 음식은 나에게 잘 맞지 않았습니다. 사실 그 음식은 냄새도 고약해서, 음식냄새 때문에 코를 막아야 했을 정도였습니다. 만일 건강한 몸으로 그런 음식을 먹었더라도 알레르기나 다른 증상들로 나는 아팠을 것입니다. 냄새만으로도 속이 거북하였습니다. 그래서 먹기 전에 꼭 기도를 했었습니다. "주님, 의사 선생님은 내게 이런 음식이 필요하다고 합니다. 이것이 내가 먹어야 할 음식이라고 합니다. 이 음식물에는 나의 육신에 필요한 소중한 영양성분이 들어있습니다. 그래서 이 음식이 조금도 나쁜 영향을 미치지 못하도록 믿음으로 기도하며 주장합니다. 나는 어떤 모양이나 어떤 형태의 질병도 앓지 않을 것입니다." 이렇게 기도한 후에 먹었으며, 지금까지 계속 이런 음식을 먹고 있지만, 한번도 이 음식 때문에 아파본 적이 없습니다. 나의 믿음이 역사한 것이지요. 하나님의 말씀과 기도에 의하여 음식이 거룩하여 진다는 성경 말씀이 있기 때문에 나의 믿음이 역사한 것입니다(딤전 4:4,5). 믿음이 역사하기 위해 꼭 필요한 일을 했기 때문에 역사한 것이지요.

이번엔 비슷하지만 어떤 의미에서는 전혀 다른 상황에 있었던 사건을 이야기 하려고 합니다. 이 이야기를 통해 여러분은 뭔가를 알 수 있을 것입니다. 나는 네 살부터 열다섯 살까지 커피를 마셨습니다. 어린 소년이었을 때는 커피에 우유를 듬뿍 부어서 마셨지만 열한 살이 되면서부터는 할아버지가 마시는 것과 같은 강한 커피를 마셨습니다. 어느 날 아침, 아침을 먹은 뒤에 여느 때와 같은 커피를 마셨는데 식탁에서 일어서려고 했을 때 급체한 것처럼 심한 복통을 느꼈습니다. 차라리 죽는 것이 더 나을 것 같은 심한 고통을 느꼈지만, 원인은 알 수 없었습니다. 다음날 아침에도 아침식사를 마치자마자 똑같은 일이 벌어졌습니다. 그래서 이유를 알아보기 위해 내가 먹던 음식을 한 가지씩 안 먹는 실험을 해보았습니다. 마지막으로 커피를 안 먹었을 때 통증이 생기지 않았습니다. 나는 나름대로 '아침 먹기 전에 너무 많은 커피를 마셨기 때문에 복통이 생겼구나' 라고 생각하고 이번에는 먼저 아침식사를 든든히 하고나서 커피를 마셨습니다. 하지만 여전히 복통이 생겼습니다. 아침식사를 하고 적은 양의 커피를 홀짝거리며 마셔보기도 했는데 복통은 여전했습니다. 아프지 않으려면 커피를 전혀 마시지 않는 수밖에 없었습니다. 이 일은 친할아버지 댁에 머물었을 때 겪었던 일입니다. 나중에 몸이 아파 외할아버지 댁에서 침대에 누워 지내야만 할 때에 외할머니께서는 의사 선생님에게 나에게 커피를 주어도 좋은지를 물었습니다.

"커피를 마시도록 해서는 안됩니다."

"하지만 이 아이는 어릴 때부터 커피를 마셔온걸요."

"그렇다면 아침식사할 때 한 잔 정도 먹는 것은 괜찮겠습니다."

이 날 가져온 커피를 마시고 또 한번의 죽을 것 같은 고통을 경험했습니다. 커피를 마실 때는 왜 하나님을 믿는 믿음을 사용하지 않았느냐고 물을지도 모릅니다. 하지만 나는 상식으로 커피에는 그 믿음이 역사하지 않을 것을 알았습니다. 커피에는 영양분이 없습니다. 그렇기 때문에 의사 선생님도 외할머니가 처음 물으셨을 때 커피를 주지 말라고 말한 것입니다. 나는 열다섯 살의 소년에 불과했지만 **내 속에서(영으로) 들리는 소리에 의해** 나의 믿음은 음식에만 역사한다는 것을 알았습니다. 음식에는 영양분이 있고 내 몸은 영양분을 필요로 하니까요. 커피에 대해서는 믿음을 사용하려는 시도조차 하지 않았습니다. 역사하지 않을 것을 알았기 때문입니다.

　털사에서 있었던 세미나가 끝난 어느 겨울 밤, 우리 부부와 몇 명의 사람들이 어떤 분의 집에 초청을 받았습니다. 그분의 집으로 가는 자동차 안에서 칠리를 먹게 될 것이라는 것을 알게 되었습니다(우리를 초청한 사람은 이 세상에서 가장 맛있는 칠리를 만드는 분이었습니다). 그러자 차에 있던 어떤 사람이 "그래요, 저는 체질상 칠리를 먹을 수 없는데, 어쩌지요? 다른 음식은 없을까요?"라고 물었습니다. "아니요, 다른 음식은 준비하지 않았을 겁니다." 그 때가 칠리를 먹는 계절이었기 때문에 예전에 맛을 본 사람들을 위해 특별히 이런 자리가 마련된 것이었습니다. 그 남자는 "저는 위궤양이 있기 때문에 칠리를 먹을 수 없어요."라고 말했습니다. "형제님! 그런 걱정은 마세요. 제가 칠리가 거룩해지도록 기도하겠습니다. 원하는 만큼 드셔도 괜찮습니다. 칠리가 형제님에게 아무런 해도 끼치지 못할 것입니다."라고 내가 말했습니다.

수년 후 그 형제가 나에게 그날의 일을 언급하면서, 그 말을 들었을 때 곧 의심이 생겼지만, '아니, 나는 해긴 목사님의 말을 의심하지 않겠어.' 라고 마음먹고 나서 한 그릇, 두 그릇, 결국 칠리를 세 그릇이나 먹었지만, 아무 탈도 없었다고 했습니다. 그 뿐 아니라 그날부터 지금까지 위궤양의 증세를 전혀 앓지 않았다고 했습니다. 그는 믿어야 할지, 믿지 말아야 할지를 스스로 선택할 수 있었습니다. 여러분의 믿음이 역사하는 영역인지 역사하지 않는 영역인지를 상식을 가지고 판단하십시오. 그리고 하나님의 말씀 밖으로는 나가지 마십시오.

하나님의 말씀을 뛰어넘는 가르침이 있을까요?
(Beyond the Words)

하나님의 말씀 밖으로 나가면 곧 문제에 부딪히게 됩니다. 그래서 어떤 사람들이 자신들이 **새로운 계시**를 받아서 사람들을 가르친다고 하면 염려가 됩니다. 어느 날 우리의 저녁집회에 성경교사 한 분이 참석했습니다. 집회를 인도하던 분이 그 사람을 알아보고, 그 교사에게 이야기 할 기회를 주었습니다. 그가 단 위에서 이야기를 하는 동안 영으로 '이 사람은 옳지 않다. 그는 바른 것을 말하고 있지 않다' 는 것을 알았습니다. (물론 우리는 비난의 영이나 남의 잘못을 뒤지고 다니는 영을 가지지 않도록 주의해야 합니다. - 그렇게 되면 안 됩니다 - 그러나 하나님의 성령께 귀를 기울이기만 한다면 그 분은 우리에게 미리 보내시는 경고신호를 통해 여러 문제들과 성가신 일들로부터 벗어나게 하실 것입니다.) 이 성경교사는 구원을 받고 성령충만을 받았지만, 나는 내 영으로부터 그가 정상궤도를 벗어났다는 것을 느낄 수 있었습니다. (만일 여러분 중 누구라도 성경에 귀를 기울이지 않고 성경에 머물지 않는다면 여러분도 이 교사와 마찬가지로 정상궤도를 벗어날 수 있습니다.)

얼마 뒤에 이 성경교사는 아주 큰 도시에서 집회를 하고 있었는데, 내 친구 중 35년 이상 성경교사를 해왔던 한 사람이 나에게 와서 이 성경교사에 대한 일을 이야기해 주었습니다.

"해긴 목사님, 내가 그렇게 쉽게 속아 그의 가르침을 쫓았던 것이 부끄럽습니다. 제가 가르치던 성경공부반 학생 대다수와 함께 그의 집회에 참석했었습니다. 집회기간 내내 부분적으로 옳지 않은 가르침이 이어졌지만, 그의 가르침이 확실히 틀렸다는 증거가 없었기 때문에 그를 좀더 지켜보고 있었는데, 그러던 어느 날 밤에 그는 너무도 명확하게 잘못된 설교를 하더군요." (이런 교사들이 사람들을 잘못된 가르침으로 인도하는 방식은 대개 이런 식입니다. 몇 주에 걸쳐 가르치다가 끝내는 다른 길로 들어갑니다. 그들은 조금씩 조금씩 당신을 잘못된 쪽으로 끌고 가는 것입니다.)

내 친구가 계속 이야기를 해주었습니다. "집회 후에 그 성경교사에게 이렇게 물었지요. '형제님, 그동안 형제님의 가르침을 계속 들어왔는데 사소한 것들은 그냥 넘겼습니다만, 오늘 저녁에 형제님이 가르친 내용은 성경 어디에 근거를 둔 것인지 찾을 수가 없군요. (저는 성경을 들고 있었지요.) 형제님의 가르침이 성경의 몇 장 몇 절에 근거를 둔 것인지 알려주지 않으면 당신의 가르침을 받아들일 수 없습니다."

"아! 당신은 내 가르침의 근거를 그런 것들에서 찾을 수 없을거에요. 내 가르침은 그런 것들을 훨씬 뛰어넘은 것들이지요. 나는 그런 것들보다 훨씬 더 많은 것을 알고 있어요."

어느 누가 자신은 성경에 있는 것보다 훨씬 더 많이 알고 있다고 말한다면, 그는 너무 멀리 간 것입니다. 하나님을 경외하는 사람이라면 성경을 "그런 것"이라고 부르지도 않습니다. 그럼에도 사람들은 항상 속습니다. 35년 이상 성경교사였던 내 친구는 이렇게 말했습니다. "우리 성경공부반 학생들이 그 집회를 돕고 있었어요. 저는 성경공부반 학생들을 그곳으로부터 다시 인도해내려고 했지만 유감스럽게도 결국 많은 학생들을 잃어버렸습니다. 그들은 잘못된 가르침에 끌려가 버렸답니다."

평생을 불교신자로 지내다가 막 주님을 만난 한 중국여인은 그 성경교사의 거짓 가르침에 속아 넘어가지 않았습니다. 집회가 열렸을 때 그녀는 주님을 만난지 4개월 밖에 되지 않은 초신자였습니다. 부모님은 그녀가 아직 어렸을 때 그녀를 데리고 중국으로부터 미국으로 이민을 와서 사업을 시작하였습니다. 부모들이 늙게되자 그녀와 동생이 그 사업을 맡았고, 어머니가 병들어 눕게 되었습니다. 병세가 중해서 의사들조차 어머니를 더 이상 치료할 수 없다고 하자 그들은 부처에게 기도했지만 – 그들의 아름다운 저택의 지하실에는 수천달러에 달하는 값비싼 석가상이 있었습니다 – 그들의 노모는 치유를 받지 못했습니다. 그러던 중 그들은 그 도시에서 열리는 치유 부흥회에 대하여 읽게 되었고 (이것은 35년간 성경교사를 했던 내 친구가 많은 학생들을 가르치던 교회에서 열렸던 집회였습니다) 그들은 노모를 그 집회로 모시고 가기로 했습니다. 그 어머니는 거기서 치유를 받았고 구원을 얻었습니다. 이 젊은 중국여인은 거듭났습니다. - 그리고 그 여자는 아버지와 동생을 모두 구원받도록 인도했습니다. 아직 초신자였던 그녀는 나의 친구의 성경공부반에 참석하고 있었기 때문에 이 집회를 참석하게 되었던 것입니다. 그녀는 나중에 내가 그 교회에서 집회를 할 때 이렇게 말했습니다. "내가 처음에 이 사람이 말하는 것을 들었을 때 내 안에 있는 무엇이 이렇게 말했습니다. '그 성경교사에게서 떠나라. 더 이상 그 사람의 말을 듣지 말아라. 그는 거짓교사다.'"

놀랍지 않습니까? 이렇게 오래된 그리스도인들은 구원을 받고 성령으로 충만함을 받은지 35년 혹은 그 이상이 되었음에도 속아 넘어갔지만, 아직 성령충만을 받지도 못한 이 초신자는 교사가 가르치는 것이 다르다는 것을 알았던 것입니다. 다른 사람들은 거짓 가르침을 삼켰습니다 - 그래서 모든 것을 망쳐버린 것입니다. 이것은 매우 비극적인 결과입니다.

우리들이 우리의 심령, 즉 우리의 영의 소리에 귀를 기울이는 것을 배우기만 한다면 그런 일들은 일어날 수 없습니다. 영의 소리에 귀를 기울인 것이 이 작은 중국 여인이 한 일입니다. 그녀는 주님을 만난지 4개월 밖에 되지 않았지만, 그녀의 내면에서 무엇인가가 잘못되고 있다는 것을 알았습니다. 그녀가 집회에 간 첫날밤에는 그 거짓 성경교사의 가르침에는 잘못된 것이 없었는지도 모르는 일입니다 - 그가 거짓된 많은 것들을 내놓기 시작한 것은 그 후였기 때문입니다.

주님 안에서 4개월 밖에 되지 않은 어린아이로서 나는 나의 믿음이 커피에는 역사하지 않을 것이라는 것을 알았습니다. 그래서 그것이 역사하도록 노력도 하지 않았습니다. 나의 믿음이 음식에만 역사할 것이란 것을 알고 있었습니다.

추측해서 기도하지 마십시오 (PRESUMPTION)

여러분이 믿고 기도하려는 것이 있다면 그것이 하나님의 약속에 근거를 두고 있는 것인지 먼저 확인하십시오. 하나님께서 약속하신 것이라면 무엇이든 여러분은 그것을 믿고 기도할 권리가 있습니다. 하지만 여러분이 믿고 기도하는 것이 말씀 밖으로 나간 것이라면 여러분은 추측하거나 근거 없는 어리석은 일을 하고 있는 것입니다.

예를 들어, 성경에서 마음으로 믿고 입으로 말함으로 어떤 것이든 가질 수 있다는 말씀을 근거로 어떤 젊은이가 자신이 원하는 사람을 골라서 그 사람을 자신의 배우자로 달라고 요구할 수 있을 것입니다. 하지만 단지 자신의 마음에 드는 사람을 골라서 "난 누구와 결혼할 것입니다."라고 선언할 권리가 있다고 말하기는 어렵습니다. 선택받은 사람의 의지도 이일에 관계가 있을 테니까요. 그들은 하나님을 믿는 믿음을 통해 아내나 남편을 구할 수 있는 권리가 있습니다 – 그렇지만 그들은 주님께서 보내 주시도록 해야 하는 것입니다.

우리의 텍사스 집회에 어느 교단 신학교 졸업생이 찾아왔는데 그 젊은이는 성령으로 충만함을 받았기 때문에 그의 교단에서 쫓겨났습니다. 어느 날 우리부부와 그 젊은이가 함께 점심을 먹던 자리에서 그는 결혼을 할 것이라고 말했습니다. 나의 아내가 물었습니다.

"오, 그 행운의 아가씨는 누구인가요?" 그러자 그는 자신이 다니는 교회의 찬양대원인 여자에 대하여 우리들에게 말해주었습니다. 그는 그 여자의 이름도 몰랐고, 만나본 적도 없다고 했습니다. 단지 그 젊은이는 그 여자가 찬양대에 앉아 있는 모습이 좋아 보였던 것 같았습니다. 그가 "해긴 목사님께서 믿고 말하는 것은 가질 수 있다고 설교를 하셨지요. 그래서 저는 벌써 그녀를 달라고 말했습니다."라고 내게 말했습니다. 아내가 물었습니다. "형제님은 그 아가씨와 데이트조차 한번도 하지 않았겠네요?" "그렇습니다. 그 여자와 악수를 한 적도 없고 또 가까이에서 그 여자를 본 적도 없습니다." 그가 만일 그녀를 가까이에서 보았다면 멀리서 보았던 것보다 좋게 보이지 않았을 수도 있을 것입니다. 더군다나 그 여자도 이런 일에 대해서는 자신의 의지로 할 말이 있을 것입니다. 그 남자가 자신의 믿음을 사용한다고 해서 그 여자의 의지를 무시할 수는 없습니다. 물론 그는 아내를 요구할 권리는 있습니다. 성경은 "아내를 얻는 자는 복을 얻고 여호와께 은총을 받는 자니라"(잠 18:22)라고 말하고 있습니다. 그는 아내를 요구할 권리는 있습니다. 그렇지만 그는 단지 하나님께서 그를 위한 사람을 보내주시도록 해야 합니다.

나는 열일곱 살부터 설교를 시작하였는데 누군가가 나를 위해 쉬지않고 중매를 하려고 애를 쓰고 있는 것 같았습니다. 어느 날 어느 여인이 나를 찾아와 하나님께서 자신이 나와 결혼해야 한다는 것을 보여 주셨다고 말했습니다. "만일 하나님께서 저에게도 그렇게 말씀하시면 자매님과 결혼하겠습니다"라고 내가 말했습니다. 그러나 하나님께서는 내게 그런 말씀을 하시지 않았습니다. 이런 일들은 그들이 진지하게 접근하지 않았다면, 사실은 우스꽝스러운 일이 될 것입니다. 이런 일 때문에 많은 사람들이 큰 어려움을 겪었습니다.

믿음의 반석 (Foundation for Faith)

여러분의 믿음이 성경에 근거를 둔 것인지 다시 한번 확인하십시오. 하나님 말씀을 벗어나지 마십시오. 그 동안 많은 사람들이 내게 와서 이런 부탁을 했습니다. "해긴 형제님, 저의 이런 문제의 해결을 위해 기도를 해 주시기 바랍니다."

그러면 나는 일부러 그에게 이렇게 묻습니다. "당신의 기도는 어떤 성경 구절에 근거를 둔 것인가요?" 내가 이렇게 물으면 기도 부탁을 했던 90%이상의 사람들은 (그동안 기도 부탁 받은 것을 일일이 기록해두었기 때문에 알 수 있습니다.) 멍청한 표정으로 나를 바라보며 이렇게 말하곤 했습니다. "글쎄요. 제 문제 해결의 근거가 되는 성경 구절은 없는데요."

"성경에 근거를 두지 않았으면, 기도응답을 받을 것도 없습니다. 형제님의 믿음은 기초가 없는 것이지요. 믿음은 하나님의 말씀에 근거를 두어야 합니다. 하나님을 믿는다는 것은 바로 하나님의 말씀을 믿는 것입니다."

우리는 이야기할 때 사용하는 단어선택에 별로 주의를 기울이지 않습니다. 우리가 믿는다고 말하는 것은 좀더 정확히 말하면 하나님을 믿는다는 것이며, 하나님을 믿는 것은 바로 하나님의 말씀을 믿는 것입니다.

"…믿음은 들음에서 나며 들음은 그리스도의 말씀으로 말미암느니라"(롬 10:17). 하나님의 말씀을 듣지 않으면, 믿음을 가질 수 없게 됩니다. 이 말씀을 잘 새겨서 실천하기 바랍니다. 먼저 여러분 각자의 상황에 맞는 성경 구절을 찾으십시오. 여러분이 기도하는 문제들을 해결해 주시겠다고 약속하신 성경 구절을 찾기만 하면 여러분은 든든한 믿음의 기초를 가지게 된 것입니다.

만일 나에게 기도할 일이 생기면 - 비록 나는 나의 문제의 해결을 위해 적용할 만한 약속의 성경 구절을 이미 잘 알고 그 중에서 많은 구절을 즉시 인용할 수도 있지만 - 문제를 놓고 이미 알고 있는 성경 구절을 인용해서 즉시 기도하기보다는 성경을 가져와서 내가 이미 알고 있는 성경 구절을 읽기 시작합니다. 그 성경 구절들을 읽고, 읽고, 또 읽습니다. 하루 종일 묵상하며 어떤 때는 그 이튿날도 그 성경 구절을 읽습니다(매우 급한 상황이라면 그때는 다르겠지요). 그 성경 구절을 읽고, 읽고, 또 읽으면서 하나님의 말씀이 내 영의 잠재의식(spirit consciousness) 속에 뿌리를 내리도록 합니다. 그렇게 되면 믿음으로 행할 수 있게 준비되며, 아무런 의심이 없어집니다. 견고한 믿음의 사람이 된 것입니다. 나는 나에게 여러분의 주의를 끌려고 이런 말을 하는 것이 아니고 하나님과 하나님의 말씀에 영광 돌리기 위해 말합니다. 나의 생애 50년 동안 단 한번도 기도응답을 받지 못한 적이 없습니다(나의 개인적인 문제로 기도했을 때 기도응답 받지 못한 적이 없다는 이야기이고, 다른 사람의 문제로 기도했을 때는 그 사람의 의지가 개입하므로 또 다른 문제입니다). 나의 개인적인 문제로 기도하는 한 응답받지 못한 경우가 없습니다. 물론 응답받기까지 시간이 좀더 걸리는 경우도 있었지만, 내가 묵상하는 말씀에서 조금도 떠나지 않고 머물러 있었습니다.

또 어떤 때는, 기도응답이 나타나기 전에 내가 태도를 바꾸어야 했던 때도 있었습니다. 그런 때는 나는 즉시 내 태도를 바꾸었습니다. 예를 들어, 1949년에 하나님의 지시하심을 따라 그동안 지역교회를 담임하는 목사의 일을 그만두고, 여러 교회를 돌아다니면서 가르치는 사역(Field Ministry)으로 막 전환했던 첫 해에, 삼일을 금식하며 어떤 문제를 놓고 기도했을 때 주님이 구약에서 하신 말씀을 기억했습니다. ***"너희가 즐겨 순종하면 땅의 아름다운 소산을 먹을 것이요"***(사 1:19). (이 성경 구절은 우리에게도 적용할 수 있는 성경 구절입니다. 우리는 신약성경 구절을 가지고 이 구절이 우리에게 상속된 구절이라는 것을 입증할 수 있습니다. 그렇다면 우리는 이 말씀대로 번영할 수 있으며 이 땅의 좋은 것을 먹게 될 것입니다. 물론 앞으로 아무런 시험도 받지 않게 될 것이라는 의미는 아닙니다. 사단이 우리에게 압박을 가할 것이기 때문입니다.)

주님께 기도했습니다.

"주님, 우리아이들은 충분히 잘 먹지 못하고 있습니다. 제 차는 낡았습니다. 저는 걸어서 다니며 사역하고 있습니다. 주님께서 약속하였음에도 불구하고 이 땅의 좋은 것을 먹고 있지 못하고 있는 것이 확실합니다. 어디인지 모르겠지만 무엇인가가 잘못되었습니다." (문제는 언제든지 하나님께 있는 것이 아니라 나에게 있음을 알고 있습니다.) 금식 삼일째 되던 날에 주님께서 평범하게 대화를 하듯이 나에게 가르쳐주셨습니다.

"네가 계속해서 나에게 주장하는 그 성경 구절은 '네가 즐겁게 순종하면'이라고 되어 있는데, 너는 순종은 잘 하였지만 즐겁게 순종하지는 않았지. 그것이 문제란다. 그것 때문에 이 성경 구절이 너에게 역사하지 않는 것이다." (나는 위의 성경 구절의 뒷부분인 '순종하면'이라는 구절에만 초점을 맞췄을 뿐이었는데, 주님은 그 앞부분인 '즐겨'란 부분을 보도록 하신 것입니다.)

우리들은 실제로 아이들이 부모에게 복종하듯이 억지로 주님께 순종할 수 있습니다. 그래서 종종 '즐겨'라는 말씀을 제대로 이해하지 못하는 것입니다. 주님의 말씀을 듣자마자 10초 이내에 즐겁게 순종하는 마음을 취했습니다. 즐겁게 순종하는데 시간이 걸린다는 생각은 하지 마십시오. 내 속에서 나의 태도를 바꾸는 데는 10초도 안 걸렸습니다. 그런 후에 주님께 "주님, 이제 준비가 되었습니다. 주님께서 제가 순종하고 있다고 말씀하셨고, 이제는 즐겁게 순종합니다. 제가 그것을 압니다. 주님께서도 제가 즐겁게 순종하는 자가 되었음을 아십니다. 그리고 마귀도 제가 즐겁게 순종하는 자가 되었음을 압니다. 그러므로 이제 나는 주님이 약속하신 이 땅의 좋은 것을 먹을 준비가 되었습니다."라고 말했습니다.

주님께서 말씀하셨습니다.

"그래 네가 이젠 준비가 되었구나. 이제 네가 해야 할 일을 알려주마." 주님께서 나에게 말씀하셨고 나는 그 뒤로 이 땅의 좋은 것을 즐기고 있습니다.

빛 가운데로 행하십시오 (Waking in the Light)

　구약의 시편을 보면 "주의 말씀을 열므로 우둔한 자에게 비취어 깨닫게 하나이다"(시 119: 130)라고 말합니다. 하나님의 말씀들이 들어오는 것은 빛이 들어오는 것과 같습니다. 만일 방안에 빛이 있다면 어려움 없이 그 방에서 걸어 다닐 수 있습니다. 그러나 깜깜한 밤중에 모든 불빛이 꺼져있는 방을 걸어 다니다 보면 무언가에 걸려 넘어질 수 있습니다. 빛이 지속적으로 비춰준다면 걸어 다니는데 아무런 문제가 없습니다. 하나님의 말씀이 들어오는 것은 빛이 있는 것과 같습니다. 많은 사람들이 넘어지고 실패하는 이유는 하나님의 말씀의 빛을 떠났기 때문입니다. 그들은 어둠 속을 걸어 다니는 것처럼 불확실한 생각이나 어리석은 생각 속에서 살아가고 있는 것입니다. 하나님의 말씀이 뭐라고 말하고 있는지를 물으면 너무 많은 사람들이 "모르겠습니다."라고 대답합니다. 하나님의 말씀이 무엇이라고 말하고 있는지 찾아내십시오. 당신이 기도하며 구하는 것을 주시겠다고 약속하신 성경 구절을 찾으십시오. 당신이 성경 말씀 안에 있으면 항상 안전한 곳에 있는 것과 같습니다. 당신이 말씀으로부터 벗어나면 당신은 불확실한 삶을 살고 있는 것입니다. 그냥 어둠 속으로 들어가기를 원하는 사람들도 있습니다. - 하나님의 말씀에 자신이 기도하는 것을 주실 것이라는 약속이 있든 없든 상관없이 그들은 '나는 그냥 믿기만 할 것입니다' 라고 말합니다. 하나님을 믿는 것은 하나님의 말씀을 믿는 것입니다. 하나님의 말씀을 안다는 것이 얼마나 중요한지요. 말씀을 주신 하나님께 감사합니다. 우리는 어두운 곳에 머물 필요가 없습니다. 하나님의 말씀이 들어오면 빛이 옵니다. 빛 가운데 행한다는 것은 무엇을 의미하는 것입니까? 그것은 말씀 안에서 행한다는 것입니다! 말씀 안에서 행하는 것은 빛 가운데 행하는 것입니다. 말씀으로부터 멀어지는 것은 어둠 속으로 들어가는 것과 같습니다.

고백 : (이것들을 크게 말하십시오.)

나는 믿는 자입니다.
나는 의심하는 자가 아닙니다.
나는 믿음이 있습니다.
나의 믿음은 역사합니다.
나의 믿음은 하나님 아버지께 있습니다.
나의 믿음은 주 예수 그리스도께 있습니다.
나의 믿음은 하나님의 말씀인 성경에 있습니다.
하나님의 말씀은 진리입니다.
나는 하나님의 말씀을 믿습니다.
그러므로 나는 하나님을 믿는 것입니다.
하나님의 말씀은 역사합니다!

제 3 과
죄 가운데 살지 않도록 주의하십시오

세 번째 단계 : 당신이 반복하여 잘못을 행하는 죄 가운데 살지 않도록 주의하십시오.

성경은 이렇게 말하고 있습니다. "저가 빛 가운데 계신 것같이 우리도 빛 가운데 행하면 우리가 서로 사귐이 있고 그 아들 예수의 피가 우리를 모든 죄에서 깨끗하게 하실 것이요"(요일 1:7).

빛 가운데 행한다는 것은 무엇을 의미합니까? 이것은 하나님의 말씀으로 행하는 것을 말합니다. 우리가 가지고 있는 빛 가운데로 행하는 이상 예수 그리스도의 피로서 모든 죄가 자동적으로 깨끗해지는 것입니다. 그렇지만 우리들이 잘못된 일에 계속하여 거하기를 원한다면 머지않아 문제에 부딪히게 됩니다. 우리의 믿음은 역사하지 않을 것이며, 기도는 응답받지 못할 것입니다.

죄는 믿음의 방해물입니다 (Sin – Hindrance to Faith)

예수님께서 믿음을 가르쳐주시기 위해 참으로 놀라운 말씀을 하셨습니다. "내가 진실로 너희에게 이르노니 누구든지 이 산더러 들이어 바다에 던지우라 하며 그 말하는 것이 이룰 줄 믿고 마음에 의심치 아니하면 그대로 되리라 그러므로 내가 너희에게 말하노니 무엇이든지 기도하고 구하는 것은 받은 줄로 믿으라 그리하면 너희에게 그대로 되리라." 이 말씀을 하신 후에 주님은 또 이렇게 말씀하셨습니다. **"서서 기도할 때에 아무에게나 혐의가 있거든 용서하라 그리하여야 하늘에 계신 너희 아버지도 너희 허물을 사하여 주시리라 하셨더라"** (막 11:25).

예수님께서는 믿음과 기도를 방해하는 것에 대해 말씀해 주셨습니다. 만일 우리에게 용서하지 못하는 마음이 조금이라도 남아 있다면, 우리들의 믿음은 역사하지 않을 것이며, 우리들의 기도도 응답받지 못할 것입니다. 혹시 내 믿음과 기도가 역사하지 않고 있다면, 나는 즉시 내가 용서하지 못하는 것이 있는지를 점검해 볼 것입니다. 그러나 실제로 나는 내 삶 속에서 누구에게도 악의를 가지고 대하지 않았고, 나쁜 감정을 가지지 않았습니다. 나는 이런 것이 내 마음에 들어오지 못하도록 철저하게 거부합니다.

물론, 마귀는 우리들의 생각에 남을 미워하라고 유혹하겠지만, 우리들은 생각을 쫓아 행하는 자가 아닙니다. 심령으로 행하는 자들입니다. 어떤 것이든 생각을 할 수 있고, 그 생각이 우리 안에 끈질기게 남아 있을 수도 있겠지만, 그런 생각이 우리의 말로 표현되거나 행동으로 옮겨지지 않는 한 우리의 생각은 우리에게 별로 영향력을 끼치지 못하고 사라지게 되어 있습니다.

이 점을 잘 알아야 합니다. 마귀는 우리들을 패배시키기를 간절히 원하기 때문에 그는 먼저 우리 마음에 어떤 생각을 살며시 넣어 줍니다. 그리고는 우리에게 찾아와서 이렇게 말합니다. "너는 구원받은 것이 아니야. 네가 구원받은 것이 확실하다면 어떻게 그런 생각을 할 수가 있니?" 다시 한번 강조하겠습니다. **'어떤 것이든 생각은 할 수 있습니다. 그리고 그 생각들이 우리 마음에 남아 있을 수 있습니다. 하지만 말이나 행동으로 옮겨지지 않는 생각은 아무런 결과물도 남기지 못하고 사라져 버리는 것입니다.'**

내가 목회를 하고 있을 때, 우리교회에 와서 부흥회를 인도하던 목사님이 어떤 문제를 일으켰습니다. 그 목사님은 옳지 않은 일을 했고 나는 증거를 통해 그것이 사실임을 알았습니다. 어떤 생각이 나에게 왔는데 나는 이것이 마귀가 내 마음에 주는 것이라는 것을 알았습니다. (패배의식, 부정적인 사고, 조금이라도 잘못된 생각들은 모두 마귀로부터 오는 것입니다.) **'그 목사가 옳지 않은 일을 하고 있는데, 만일 내가 너라면 더 이상 그를 위해 헌금을 거두지 않겠어. 부흥회가 끝나는 주일 밤까지는 헌금을 받지 않다가 그저 마지막 날 형식적으로 잠깐 동안만 헌금 하는 시간을 가지겠어.'**

나는 이렇게 말했습니다. "마귀야, 네가 입을 닫지 않는다면 나는 매일 밤 두 번씩 헌금을 걷을 것이다." (나는 즉시 매일 저녁마다 헌금함을 돌리며 '이것은 부흥사에게 가는 것입니다.' 라고 말하고 있었습니다.) 마귀는 급히 입을 다물었습니다. 마귀는 어떤 부흥사라도 그에게 하루에 두 번씩이나 헌금을 주는 것을 원하지 않았기 때문입니다. 나는 이 부흥사에게 보통 때보다 훨씬 더 친절한 태도로 대했습니다. 성경은 우리에게 악을 선으로 갚으라고 가르칩니다(마 5:44). 나는 그 부흥사가 우리 교회보다 더 큰 규모의 교회를 돌면서 말씀을 전한다는 것을 알고 있었습니다. 그에게 그런 큰 교회에서 부흥회를 인도하면서 받게 되는 헌금의 평균금액을 물어보고 그보다 훨씬 더 많은 금액을 받을 수 있도록 했습니다. 그리고 나 자신도 많은 금액을 헌금했습니다. 악을 선으로 갚으려 했고, 나쁜 감정이나 악한 생각, 증오 같은 것들이 나를 지배하도록 방치하지 않았습니다. 우리는 이 세상에서 살고 있기 때문에, 세상적으로 생각하기 마련입니다. 우리는 죄를 생각할 때마다 은행에서 돈을 훔치거나 간통과 같은 육신적인 죄만을 생각합니다. 우리는 그런 죄에 대해 참 끔찍한 죄악이라고 생각합니다. 물론 그렇습니다. 그러나 하나님께서는 그런 육신적인 범죄에 앞서 영적인 범죄를 먼저 심판하실 것입니다. 예전에 예수님이 나에게 나타나셨을 때 이것을 말씀하셨는데, 이 말씀을 듣고 나는 매우 놀랐습니다. 많은 경우에 우리들은 육신적인 죄로 인해 한동안 어려운 시절을 보내곤 합니다만, 하나님께서는 영적인 죄에 대해서는 더욱 민감하게 심판하십니다. 우리들은 사람들의 심령의 태도를 볼 수 없지만 하나님은 보실 수 있습니다. 사람들은 속으로는 그렇지 않을 때에도 겉으로는 바르게 행동할 수 있습니다. 하지만 여러분, 하나님은 이 모든 것을 보시고 알고 계십니다.

자가진단으로 균형잡기
(Balance In Self-Examination)

이런 분야에 있어서 우리는 한쪽으로 치우치지 않도록 주의해야 합니다. 어떤 사람들은 사단이 자신이 과거에 행한 잘못된 행동, 실수, 실패, 죄를 가지고 그를 괴롭히도록 허용합니다. 이렇게 하는 것은 하나님이 그들에게 허락하신 믿음과 건강과 하나님의 축복을 사단에게 빼앗기는 것입니다. 과거를 되돌아보면 우리 모두는 잘못한 일들이 있습니다. 때늦은 지혜가 선견지명보다 낫다는 속담이 있습니다. 나중에 돌아보는 것이 사실을 더 정확히 볼 수 있습니다. 우리는 종종 자신이 어떤 일을 잘해나가고 있다고 생각하지만 한참 후에 그 때를 되돌아보면 당황할 지경입니다. 나도 12년간 목회를 하면서 이 교회를 떠나 저 교회로 옮기곤 했는데 그때마다 떠나는 교회에서 사역을 잘했다고 생각했습니다. 하지만 영적으로 좀더 성장한 이후에 그 때를 되돌아보면 쥐구멍에 숨고 싶다는 생각을 하곤 합니다. 과거를 돌아보는 일은 확실히 사단이 우리를 낙담케 하는 일입니다.

예전에 내가 목회하던 교회의 집회에 참석한 한 사업가는 병들어 하나님의 치유를 받고자 했습니다. 그의 몸 상태는 불치의 병으로 인해 절망적이었습니다. 담당의사는 그에게 사업을 정리하라고 권하고, 그렇지 않으면 6개월 이상 살지 못할 것이라고 말했습니다. 그 의사들이 그에게 해줄 수 있는 최선의 것은 그가 사업을 정리한 뒤 요양시설에 들어와 쉬면 앞으로 2년 정도까지 살 수 있을지도 모른다는 것뿐이었습니다. 그는 그동안 치유집회를 여러 군데 찾아다니면서 치유기도를 받았고, 당시에 가장 유명한 치유사역자의 기도도 받았으며, 나도 여러 번 그에게 손을 얹고 기도했습니다. 하지만 그는 여전히 치유 받지 못하고 있었습니다. 그 사업가가 나에게 상담을 청했기 때문에 저녁집회가 시작되기 전에 목회자실에게 그를 만나기로 했습니다. 그날 저녁집회를 위해 집에서 면도를 하고 있을 때, 내 속에서 들려오는 소리가 있었습니다. "너는 내가 하지 않을 일을 너에게 하도록 시킨다고 생각하느냐." 처음엔 그 소리에 그렇게 신경을 쓰지 않고 면도를 마쳤고 바로 다른 일을 생각했습니다. 그런데 다시 한번 내 속에서 영(in my spirit)의 소리를 들었습니다. "너는 내가 하고 싶어 하지 않는 일을 너에게 요구한다고 생각하느냐." 나는 다시 그 소리를 무시했습니다. 하지만 교회에 가려고 코트를 입고 있을 때 다시 한 번 소리가 들렸습니다. "너는 내가 하고 싶어 하지 않는 일을 너에게 시킨다고 생각하느냐." 그제서야 그 목소리의 주인공이 주님임을 알아차렸습니다. 나는 큰 소리로 대답했습니다. "아닙니다. 주님은 스스로 하기 원치 않으시는 일을 저희에게만 시키시는 분이 아닙니다. 주님은 그런 부당하고 옳지 않은 일을 행하시는 분이 아니십니다." 그리고는 그 일을 잊어버렸습니다.

교회로 가기 위해 운전을 하면서 그날 저녁에 할 설교를 생각하고 있었는데, 내 속에서 다시 이런 말이 들려왔습니다. "베드로가 '주님, 제 형제가 저에게 죄를 짓고 용서를 하는 것을 일곱 번쯤 하면 될까요?' 라고 내게 물었을 때 내가 '일곱 번이 아니라 일흔 번에 일곱 번이라도 하여라.' 라고 대답했던 것을 기억해라. 그것은 490번이 된다. – 그것도 하루에 말이다."

전에 이미 이 성경 구절을 수백 번도 더 읽었지만, 이 성경 구절이 이 때처럼 분명해졌던 적은 없었습니다. 내 속의 소리는 또 이렇게 말했습니다. "야고보서 5장은 이렇게 말한다. '**너희 중에 병든 자가 있느냐 저는 교회의 장로들을 청할 것이요 그들은 주**

의 이름으로 기름을 바르며 위하여 기도할지니라. 믿음의 기도는 병든 자를 구원하리니 주께서 저를 일으키시리라.* (우리는 자주 이 성경 구절을 인용하곤 합니다. - 그렇지만 내 속의 소리는 이 성경 구절의 뒷부분까지 모두 인용을 하였습니다.) *혹시 죄를 범하였을지라도 사하심을 얻으리라*' (14, 15절)."

나는 주님이 그날 왜 이런 말씀을 하셨는지 궁금하게 생각했지만, 목회자실에서 이 사업가의 말을 듣자마자, 주님의 의도를 즉시 이해할 수 있었습니다. 그는 자신이 37년 전에 구원도 받고, 성령 충만함도 받았다고 말했습니다. 그리고 그는 이렇게 말했습니다. "해긴 목사님, 나의 믿음이 왜 역사를 하지 않는지 목사님께 말씀드리겠습니다." 그는 목회자실에서 그 자신과 나와 하나님 모두가 그를 치유하지 못하도록 설득하고 있었던 것입니다. 그는 하나님께서는 자신과 같은 사람을 치유하지 않을 것이라고 확신하고 있었습니다. 왜냐하면 "지난 37년을 돌아볼 때 저는 너무 많은 곳에서 실수를 했기 때문입니다."라고 그는 말했습니다. 그 때 비로소 주님께서 그런 말씀을 미리 하신 이유를 이해할 수 있었습니다. 주님은 그에게 이 성경 구절을 주기를 원하셨던 것입니다. 나는 그에게 이렇게 물었습니다. "성도님이 끔찍한 죄를 지었나요? 은행을 몇 군데를 털었나요? 아니면 거짓말을 밥 먹듯이 하셨나요?"

그는 "아니요, 그런 잘못을 저지른 것은 아닙니다. 제 잘못은 선한 일을 할 수 있었는데도 하지 않은 것입니다. 지난 37년 간 돈을 곧잘 벌었기 때문에 십일조 이상으로 헌금을 할 수 있었지만, 십일조조차도 하지 않은 적이 많습니다. 교회에 헌금을 더 많이 할 수 있었고 선교를 위하여 더 많이 헌금을 할 수 있었지만 하지 않았고, 기도도 더 많이 할 수 있었고 나의 사업을 통해 더 많이 복음사역을 행할 수 있었는데 하지 못한 것 같습니다."라고 말했습니다.

나는 그 성도님과 주님이 나에게 주셨던 성경 구절을 나누었습니다. 그리고 그 서재에서 그를 안수하였고 그는 깨끗이 치유되었습니다. 20년 후 그 성도님이 살던 곳으로 다시 설교를 하러 갔었는데, 그 성도님은 82세까지 사업을 한 후에 은퇴를 했다는 소식을 들었습니다. 그는 과거의 실수, 과거의 실패, 과거의 잘못들 때문에 마귀로부터 패배를 당할 뻔 했습니다. 내가 그날 밤에 목사님의 서재에서 그 성도님에게 해준 이야기는 이것입니다.

"성도님, 오늘 성도님은 주님께 용서해 달라고 기도하셨습니다. 그렇지요?"

"네, 그렇습니다."

"하나님께서 당신을 용서하셨습니다. 할렐루야! 그 죄들은 모두 없어졌습니다. 이제 다시는 그것들을 꺼내지 마십시오."

반복해서 짓는 죄에서 벗어나기
(On The Other Hand)

용서를 구한 후 과거의 우리 죄를 기억하지 말아야 하는 반면에 하나님께서 우리 죄를 용서하신다고 해서 의도적으로 죄를 짓고 잘못을 행한다면 우리는 곧 문제에 부딪히게 될 것입니다. 즉 우리가 스스로를 판단(심판)하지 않으면 – 자신의 잘못을 인정하고 이에서 돌이키지 않는다면, 하나님께서 우리를 심판하게 되실 것입니다.

> 고전 11:31
> 우리가 우리를 살폈으면 판단을 받지 아니하려니와

어떻게 우리 자신을 판단해야 할까요? 만일 우리가 잘못을 행했으면 즉시 잘못을 인정하고 이렇게 말해야 하는 것입니다. "그것은 저의 잘못입니다. 나는 나의 그런 행동을 심판합니다. 이제 즉시 그것을 중지할 것이며 다시는 그런 잘못을 저지르지 않겠습니다." 우리는 자신을 심판하고 다시 그런 일을 행하는 것을 거부하거나 혹은 죄 가운데 사는 것을 거부하고, 더 이상 그런 죄를 짓지 않는 것입니다. 하나님의 은혜는 참으로 놀랍습니다. 우리 중에 누구라도 하나님의 깊은 은혜를 그 은혜의 깊이만큼 체험한 분이 있으신지 모르겠습니다. 나는 하나님의 깊은 은혜를 보고 울었던 적이 있습니다. 수년 전 우리 동네에 살던 나이 많은 분이 심각한 병이 들었습니다. 그 때 내가 다른 곳에서 집회를 인도하던 중이었으므로 집회를 마치고 돌아올 때 자신의 집을 방문해달라고 요청했습니다. 그의 집을 방문했을 때 그는 자신의 치유를 위해 기도해달라고 요청하지 않았습니다. 다만 함께 기도하기를 원했습니다. 그 때 하나님의 임재가 우리에게 임했습니다. 나는 입을 벌려 그를 위한 치유의 기도를 하려고 했지만, 어쩐 일인지 그렇게 할 수 없었습니다. 무언가가 내 혀를 붙들고 있는 것 같았습니다. 머리 속으로 치유를 위한 기도를 생각했지만, 그 생각은 말로 표현되지 않았습니다. 그날 그 분의 치유를 위하여 기도하지 못했습니다. 좀더 시간이 흐른 후에 그의 요청을 받아 다시 한 번 그를 위해 기도하러 갔습니다. 그 때 의사들은 그 분이 얼마 살지 못할 것이라며, 아마도 몇 개월 정도 더 살 것이라고 말했습니다. (실제로 그분은 두 달 후에 죽었습니다.) 그의 침대 곁에 서서 그의 머리에 손을 얹고 그의 치유를 위하여 기도하려고 했습니다. 하지만 입술이 생각대로 움직여지지 않았습니다. 나는 그의 머리에서 손을 떼었습니다. 나는 영으로 주님께 이렇게 말했습니다. "주님, 왜 제가 이 사람의 치유를 위해 기도할 수 없습니까? 그는 아직 70세도 안되었습니다. 주님께서는 우리들에게 적어도 70년 내지 80년의 수명을 약속하셨습니다. (그것은 최소한의 약속이고 믿음에 따라서는 그 이상을 살도록 하십니다.) 그런데 이 형제는 왜 이렇게 일찍 죽어야 합니까?"

나의 속에서 아주 분명하게 주님이 이렇게 말씀하셨습니다. (그 때까지 이 형제의 과거에 대해 전혀 알지 못했습니다. 주님이 계시로 알려주신 것입니다.) "그를 위하여 36년을 기다려 왔다. 그는 지금 66세인데, 그는 30세에 거듭났다. 그가 자신을 돌아보아 죄 짓는 것을 그만두도록 36년을 기다려 왔다. 그는 지난 36년간 2주 이상을 옳게 살지 않았다. 나는 그가 자신을 돌아보고 죄에서 떠나기를 기다리며 36년을 기다려 왔지만, 그는 그렇게 하지 않았다. 그래서 그를 사단에게 내어주어 육신이 파멸되도록 하고 그의 영은 주 예수의 날에 구원을 받도록 하려는 것이다."

내가 아는 또 다른 사례가 있습니다. 그는 43세 밖에 안 되었는데 양쪽 폐에 모두 암이 발생했습니다. 순복음교회 목사의 사모였던 그의 여동생은 그의 오빠의 상태가 악화되자 나에게 전화를 걸어 기도해 줄 것을 부탁하였습니다. 내가 기도하려고 그의 머리에 손을 얹고 눈을 감았습니다. 그 때 누군가가 그의 머리에 얹힌 내 손을 잡아서 그의 머리로부터 떼어내려는 것처럼 느껴졌습니다. 눈을 감고 기도하고 있었으므로 계속해서 기도하면서 이렇게 생각을 했습니다. '내가 그의 머리를 너무 세게 눌러서 이 사람이 그의 머리에서 나의 손을 떼어놓았나보다.' 그래서 나는 나의 손을 그의 머리에 다시 올려놓고 눈을 감고 기도를 계속하였습니다. 또 다시 나는 나의 손을 누군가가 잡는 것을 느낄 수 있었고, 그 손은 내 손을 그의 머리에서 떼어놓았습니다. 기도를 계속하면서 속으로 이렇게 생각했습니다. '이상하군 이번엔 그렇게 세게 누르지 않았는데.' 그래서 이번에는 눈을 뜬 채 손을 그의 머리에 얹고 기도했습니다. 아무 손도 보지 못했습니다. – 아무도 내 손을 그의 머리에서 떼어내지 않았지만, 무엇인가가 그렇게 하는 것 같은 확실한 느낌을 받았습니다. 누군가의 손이 그의 머리에 얹힌 나의 손을 떼어놓는 느낌을 받았을 때 그를 위해 말로 계속 기도를 하면서, 나의 영으로 주님께 이렇게 여쭈어 보았습니다. "주님, 왜 제 손을 그의 머리에서 떼어놓으셨습니까?" 주님께서 말씀하셨습니다. "왜냐하면 그가 죽을 것이기 때문이다. 그를 위하여 기도하지 말아라."

"주님, 그는 겨우 43세 밖에 안 되었습니다. 주님께서는 우리들에게 70세 내지 80세 이상의 수명을 약속하시지 않았습니까? 그는 죽을 만큼 늙지 않았습니다. 왜 그가 죽어야 합니까?"라고 내가 말했습니다.

주님은 "그가 자신의 삶을 돌아보고 죄 짓는 삶에서 떠나도록

30년을 기다렸다. 그가 13살에 구원을 받은 후 30년을 기다린 것이다."라고 말씀하셨습니다.

하나님의 인내하심을 생각해 보십시오. 그분의 인내에 비하면 우리는 서로 너무 인내하지 못합니다. 어떤 때 나 자신도 사람들의 행동을 참지 못합니다. (여러분은 그런 적이 없지요?) 그 때 '하나님께서는 우리 모두에 대해 이렇게 참으시는 데 우리가 작은 일도 참지 못하는 것은 옳지 않다' 는 생각이 들었고 나는 곧 회개를 했습니다. 하나님께서 얼마나 오래 참으시는지 생각해 보십시오. 하나님께서 그 사람에 대해 더 자세히 알려주셨습니다. "나는 그가 자신을 돌아보도록 30년을 기다려 왔다. 그는 30년 동안 결코 옳게 살지 못했다. 그는 계속 고집하며 잘못을 행했다. 사실 나는 그가 아내를 두고 다른 여인과 육체적 관계를 맺으며 살고 있었는데, 그 때 부러진 그의 등을 치유해 주었다."

(나는 이런 일들에 대하여 전혀 알지 못했습니다. 모두 계시로 알게 된 것입니다. 나중에 그의 여동생에게 이것이 사실인지 물어보았고 그녀는 모두 맞다고 확인해주었습니다. 그의 여동생은 이렇게 말했습니다. "맞아요. 오빠가 올케언니를 버려두고 다른 여자하고 살고 있을 때 직장에서 넘어져서 그의 등이 부러졌답니다. 그가 병원에서 응급처치를 받은 후 온몸에 깁스를 한 채 우리 집으로 왔는데 그 때 저는 열두 살이었고 어머니가 오빠를 돌보는 것을 도왔지요. 오빠는 목 아래로 온몸에 깁스를 하고 있었어요. 오빠는 기도는 할 수 있었기 때문에 기도를 하고는, 우리에게 주님께서 자신을 치유해 주었다고 말하더군요. 그리고는 깁스를 모두 벗어버리고 싶어 했어요. 하지만, 의사들은 이렇게

말했습니다. '아니 아직 안된다네. 만일 그 깁스를 벗어버리면 자네는 즉시 온몸이 시커멓게 멍들어서 죽게 될 거야.' 의사의 조언에도 불구하고 오빠는 사람들이 주위에 없을 때 저를 시켜 부엌에서 칼을 가져와 오빠의 깁스를 벗기도록 했어요. 깁스를 벗은 후에 오빠가 침대에서 일어나자마자 의사가 말한 대로 되었습니다. - 온몸이 검은색으로 변하여 바닥에 쓰러졌지요. 그런데 웬일인지 갑자기 오빠는 다시 일어났고 아주 완전히 멀쩡한 상태가 되었어요.")

주님이 계속 말씀하셨습니다. "그는 계속하여 이 죄 가운데 살았었다. 그렇지만 지금 그는 영적으로나 재정적으로 모든 것을 잘 정리해서 모든 것이 준비된 상태다. 이보다 더 잘 준비된 때는 없을 것이다. 그로 하여금 집으로 오게 해라."

하지만 그의 이런 삶은 하나님께서 그를 향하신 최선의 길은 아니었습니다. 그는 하나님의 최선을 놓쳤던 것입니다. 나는 하나님의 최선을 놓치기를 원하지 않습니다. 나는 하나님의 차선의 삶 혹은 세 번째나 네 번째의 삶 혹은 다섯 번째로 좋은 삶을 살고 싶지는 않습니다. 나는 최선의 삶을 원합니다. 여러분도 그렇지요? 그리고 주님은 마지막으로 "그는 이틀 만에 죽을 것이다."라고 말씀하셨습니다. 나는 순복음교회 목사인 그의 매형에게 주님께서 하신 말씀, 즉 그가 이틀 안에 죽게 될 것이라고 말해주었습니다. 다음날 그를 치료했던 의사 선생님 중 한 분이 와서 주일 저녁식사를 그와 함께 했습니다. 그 사람은 건강하게 일어나서 걸어 다녔고 식탁에 앉아 음식을 먹었습니다. 그가 의사에게 "내가 얼마나 더 살 것 같습니까?"라고 묻자 의사는 "당신은 앞으로 6개월간은 죽는 것을 걱정할 필요가 없습니다. 그리고 의료과학은 계속하여 발전하고 있으니 앞으로 무슨 좋은 치료법이 나오면 더 오래 살게 되겠지요. 소망을 버리지 마십시오."라고 말했습니다. 그러나 그는 이렇게 말했습니다. "의사 선생님, 나는 내일 밤 10시 20분에 집으로 갈 것이라는 것을 선생님께 알려드리고 싶군요." 어떤 사람이 그가 의사 선생님에게 한 말을 매형인 목사에게 전해주었습니다. 주일 저녁 모임이 끝난 후 저녁 9시 30분쯤 순복음교회 목사와 그의 아내가 차를 타고 집으로 향하고 있었습니다. 그의 집 옆을 지날 때 그가 집 앞 현관에서 그네를 타고 있는 것을 보았습니다. 그 순복음교회 목사가 나중에 알려준 이야기입니다. "그는 우리들에게 손을 흔들었지요. 나는 차를 그의 집 앞에 세웠고 아내는 차에 앉아 그를 향해 '오빠 내일봐요.'라고 했지만 그는 그냥 '잘 있어라.'라고 대답했어요. 우리가 집에 도착했을 때 전화벨이 울렸고 1분전에 그가 죽었다고 알려주었습니다. 그는 그가 말한 대로 10시 20분에 집으로 돌아갔습니다."

나는 그가 집으로 가서 기쁩니다. 그가 천국에서 금으로 된 길을 걷고 있을 것이므로 감사합니다. 그렇지만 나는 그가 하나님의 최선의 길을 놓쳐서 정말 안타깝습니다. 내가 여러분에게 말하려고 하는 것을 이해하겠지요? 나는 여러분이 문제에 봉착하게 될 때까지 기다리지 말라고 말하는 것입니다. 여러분이 죄를 짓고 있다면 – 즉 반복해서 짓는 죄가 있다면 – 지금 즉시 돌이키십시오. 죄악들은 어떤 모양이든지 여러분을 건드리지도 못하게 하십시오. – 육신적인 죄(육신으로 짓는 죄) 혹은 영적인 죄(영으로 짓는 죄) 어떤 것이든 말입니다.

침례교 목사로서 성령으로 세례를 받게 되자, 교단에서 반갑지 않은 반응을 보였기 때문에 침례교단을 떠나 텍사스 북중부 지역에 있는 작은 순복음교회 목사직을 맡게 되었습니다. 목사직을 맡은 지 3개월쯤 지난 1939년 8월 어느 날, 한 여인이 목사관을 찾아왔습니다. 그녀는 먼저 자신의 가족들에 대하여 이야기하며 질문을 했습니다.

"해긴 목사님! 질문이 있습니다. 저는 목사님이 오시기 8개월 전에 구원을 받았습니다만, 나의 어머니와 다른 가족들은 이 교회에 23년이나 다녔습니다. 그 분들은 훌륭한 그리스도인들입니다. 그들보다 더 충실한 그리스도인들을 찾기 어려울 것입니다. 그들은 교회의 모든 예배에 참석하며, 십일조도 빠지지 않고 드립니다."

내가 대답했습니다. "그렇습니다. 알고 있습니다. 그 분들은 우리 교회에서 가장 충성된 가정 중 하나이지요. - 그리고 영적인 분들이기도 하고요."

그리고 그녀는 남편의 가족에 대해서도 이야기 해주었습니다. "목사님께서는 제 시댁식구에 대해서는 잘 모르실 거예요. 그 분들은 목사님이 이 교회에 오시기 전에 이사를 갔거든요. 그 분들도 좋으신 분들입니다. 제 말을 오해하지 마세요. 그 분들은 어떤 일이 있어도 거짓말을 하지 않는 분들이지만, 제가 알기엔 교회에 오는 일은 그렇게 열심을 내지 않는 것 같아요."

그 여자는 계속해서 말했습니다. "저는 지난 23년 동안 친정 쪽의 가족들을 주의 깊게 관찰해보았어요. 그런데 우리 친정식구 중 어느 누구도 병에 걸렸을 때 하나님의 치유를 받은 사람은 없는 것 같아요. 친정식구들은 병에 걸리면 언제나 병원으로 달려가서 수술을 받던지 아니면 세상을 떠났습니다.(그 여자의 어머니는 내가 만난 사람들 중에 가장 영적인 사람이었습니다. - 놀랄 만큼 영적이고 훌륭한 여인이었습니다. 성령의 은사가 그 분을 통하여 역사하였습니다. 그렇지만 성령의 은사가 당신을 통하여 역사한다고 당신이 치유를 받는 것은 아닙니다.) 반면에 저의 시댁식구들은 지난 23년간 어느 누구도 치유 받지 못한 사람이 없었던 것으로 알고 있습니다."

내가 물었습니다. "매리, 저에게 질문이 있다고 하시면서 제게 묻지는 않고 친정식구들과 시댁식구들 이야기만 하시는 군요."

"죄송합니다. 제가 궁금한 것은 왜 친정식구들은 치유를 받지 못하고 시댁식구들은 치유를 쉽게 받는 것인지요?"

내가 대답했습니다. "글쎄요, 저도 잘 모르겠습니다."

하나님이 특별한 계시를 주시지 않으시면 왜 어떤 사람은 치유를 받고 어떤 사람은 받지 못하는지 알 수 없습니다. 사실은 전에 예수님이 나에게 환상으로 나타나셨을 때, 나도 내 친척 중 한사람이 치유를 받지 못한 이유를 여쭈어보았습니다. 주님의 대답은 이것이었습니다. "그것은 네가 알 일이 아니다. 그것은 나와 그 사람 사이의 문제일 뿐이지. 만일 너에게 그 일에 대하여 알려주기를 원했다면 네게 말해주었을 것이다. 나는 너에게 그 이유를 알려주기를 원치 않았기 때문에 너에게 말을 하지 않은 것이다. 너는 나의 책(성경)에서 이런 것을 읽어본 적이 없느냐? '오묘한 일은 우리 하나님 여호와께 속하였거니와 나타난 일은 영구히 우리와 우리 자손에게 속하였나니 이는 우리로 이

율법의 모든 말씀을 행하게 하심이니라.'"

"네, 읽어보았습니다. 그것은 신명기 29장 29절 말씀입니다."라고 내가 대답하였습니다.

주님은 이렇게 말씀하셨습니다. "만일 내가 원했다면 너에게 그 이유를 알려주었을 것이다. 내가 알려주지 않았으면, 너는 굳이 알려고 하지 말아라." 그래서 나는 그 친척이 왜 치유를 받지 못했는지에 대해 다시 생각하지 않았고, 그냥 잊어버리고 말았습니다.

(어떤 사람들은 다른 사람의 일에 대하여 끼어들기를 좋아합니다. 그들은 여기저기를 돌아다니면서 "왜 아무개는 치유를 받지 못했지?"라며 말하기를 좋아합니다. 하지만 치유를 받거나 받지 못하는 이유에 대한 것은 그들이 생각할 문제가 아닙니다. 그것은 하나님의 일입니다. 하나님께서 원하셨다면 그들에게 알려주셨을 것입니다. 만일 하나님께서 그들에게 말씀을 하지 않으셨다면 더 이상 생각하지 말고 잊어버려야 합니다.)

조금 전에 말한 환상 중에 예수님께서는 나에게 또 이렇게 말씀하셨습니다. "계속하여 말씀을 전파하라. 너의 친척이 치유를 받거나 또는 받지 못한다고 해도 그것이 하나님의 말씀을 폐하지 못하는 것이다." 하나님의 말씀은 우리에게 밝히 계시되어 있습니다. 밝히 드러난 하나님의 말씀은 우리들에게 또한 우리들의 자녀들에게 영원히 진리입니다.

나는 질문을 한 메리 자매에게 이렇게 이야기했습니다. "왜 어느 가족은 치유를 쉽게 받고 다른 가족은 치유를 받지 못했는지에 대한 정확한 이유는 잘 모르겠지만, 나는 성경을 알고 있습니다. 내가 알고 있는 성경을 바탕으로 말씀드리면 치유를 받는 사람들은 하나님의 말씀에 순종하는 사람들이라고 말씀드릴 수 있습니다."

"당신의 시댁식구들은 두 가지 특징이 있는 것 같습니다. 첫째로, 이 첫 번째 특징은 두 가지입니다. - 그들은 항상 용서하는 일에 빠르고 회개하는 일에 빠른 사람들입니다. 두 번째로 그들은 믿는 일에 빠른 사람들입니다."

내가 이 말을 하자 매리 자매의 눈은 좀 과장해서 접시만큼이나 커졌습니다. 그녀는 이렇게 말했습니다. "해긴 목사님, 어떻게 아셨어요. 아주 정확히 짚으셨어요."

내가 대답했습니다. "아니요, 제가 알아낸 것이 아니라 예수님이 하신 것입니다. 나는 다만, 성경을 통해 그것을 알 수 있었을 뿐입니다."

그녀가 계속 이야기했습니다. "제 시댁식구들은 혹 자신들이 잘못한 것을 알면 이 세상에서 가장 빨리 회개하거든요. 그리고 그것이 무엇이든지 그 잘못된 일을 즉시 중단해버리지요. 게다가 그 분들은 누구에게든 잘못을 행했다는 것을 알게 되었을 때 그들에게 용서를 비는 데에도 가장 빠릅니다. 그 분들은 제가 아는 분들 중 가장 용서를 잘 하는 사람들이고, 또 진실한 마음으로 용서를 한답니다. 그리고 그분들은 하나님을 믿는 일에도 내가 본 사람들 중에 가장 빠른 사람들이었어요. 그렇지만 어머니를 포함한 우리 친정식구들은 좀 달라요. 그분들도 대부분이 구원을 받고 성령으로 충만함을 받았고 수년 동안 충성스런 그리스도인의 삶을 살았지요. 친정식구들도 결국엔 사람을 용서하기는 해요.

왜냐하면 그리스도인은 남을 용서해야 한다는 것을 알기 때문이지요. 성경이 그렇게 하라고 말하기 때문에 결국은 용서하기는 하지만, 친정식구들은 버틸 때까지 버티다가 용서를 하는 경향이 있어요. 친정식구들 모두 그렇답니다. 그런 성향이 친정식구들의 성품 속에 있나 봐요."

(이런 것이 그들의 영적인 성품은 아닙니다. 그들이 거듭날 때, 그들은 새로운 성품을 받았습니다. 친정식구들의 그런 성향은 그들의 육신적인 성품인 것입니다. 우리 모두는 어떤 특정한 자연적인, 육신적인 성품이 있고 만일 우리가 조심하지 않는다면 그것이 우리를 지배하도록 허용하게 됩니다.)

그녀는 계속 말했습니다. "아주 마지막 순간까지 버티다가, 어찌할 수 없다는 생각이 들면 그 때 비로소 용서를 합니다. 그리고 우리 친정식구들은 사람이나 어떤 것을 믿는 일에, 심지어 하나님을 믿는 일까지도 가장 느렸던 사람들입니다."

재난이 일어나기 직전까지 불순종의 삶을 버티는 삶을 즐기는 사람들이 있습니다. - 그들은 그렇게 하다가 종종 그 재난으로 넘어지게 됩니다. 하나님께서는 우리들이 그런 벼랑 끝까지 가는 삶을 사는 것을 원치 않습니다. 용서하는 일을 신속히 하십시오. 신속히 회개하십시오. 그리고 하나님을 믿는 일에도 신속하십시오.

요일 3:21
사랑하는 자들아 만일 우리 마음이 우리를 책망할 것이 없으면 하나님 앞에서 담대함을 얻고

우리는 만일 잘못을 행한다면 그것을 즉시 알 수 있는 존재가

되었습니다. 우리 속의 어딘가에서 부터 – 우리의 심령으로부터 – 우리가 잘못을 행하고 있음을 알려줍니다. 그러므로 만일 우리가 아는 것이 없다면 – 즉 당신의 심령이 당신을 판단할만한 것이 없다면 – 그것이 어떤 것이든 더 이상 생각하지 말고 잊어버리십시오. 만일 우리가 다른 사람의 말을 쫓아 우리 자신을 판단하려고 하면 우리는 항상 정죄감속에 살아야 할 것입니다. 사람들은 언제나 남의 잘못을 찾아냅니다. 우리가 집회를 하고 있을 때 어떤 사람이 우리의 집회를 돕는 사람들을 판단하면서 다음과 같은 취지의 편지를 보내왔습니다. "이번 집회는 하나님과 무관한 집회인 것 같군요. 하나님은 당신들을 하나님의 일에 쓰시지 않는다고 확신합니다. 왜냐하면 집회를 돕는 분들이 보석으로 몸을 단장하고 있고, 봉사하는 여자성도들은 모두 머리를 기르지 않았기 때문입니다."

다른 사람의 의견을 듣고 여러분 스스로를 정죄하지 마십시오. 다른 사람들의 판단을 따르게 되면 우리들의 믿음이 역사할 수 없게 될 것입니다. 내가 어느 집회에서 한 여자분에게 안수하고 그 여자와 함께 기도를 했습니다. 그 여자는 성령으로 충만함을 받고 약 15분간 방언으로 말을 하였습니다. – 아주 좋은 시간을 보냈습니다 – 그녀가 방언으로 기도하는 것을 마치고 자리에 앉아 손을 들고 하나님을 영어로 찬양하고 있었습니다. 그 때 다른 남자들하고 기도를 하던 사람이 그녀 쪽으로 와서 그녀가 방언이 아닌 영어로 하나님께 기도하는 것을 듣고는 그 여자가 아직 성령을 받지 못했다고 생각을 했습니다. 그 남자는 그녀에게 이렇게 말했습니다. "자매님, 제가 생각하기에 자매님이 손에 낀 결혼반지를 빼면 하나님께서 성령으로 충만하게 채워주실 것입니다." 나는 즉시 그 남자를 데리고 다른 곳으로 가서 이렇게 말했습니다. "형제님, 하나님께서 이미 그 여자를 성령으로 충만하게 하셨습니다. - 결혼반지도 함께 말입니다."

우리 앞에 당한 경주를 경주합시다
(Running the Race)

성경은 죄에 대하여 말하고 있습니다. 또 성경은 무거운 것에 대하여도 말하고 있습니다.

> 히 12:1
> 이러므로 우리에게 구름 같이 둘러싼 허다한 증인들이 있으니 모든 무거운 것과 얽매이기 쉬운 죄를 벗어 버리고 인내로써 우리 앞에 당한 경주를 경주를 하며

성경은 율법을 범하는 것이 죄라고 말합니다(요일 3:4). 무엇이 우리에게 무거운 것인지는 우리 자신의 심령으로 결정해야 합니다. 나에게는 무거운 것이 여러분에게는 무겁지 않을 수 있습니다. 우리 앞에 놓인 경주를 끈기 있게 감당하기 위해서는 무거운 것을 벗어버려야 합니다. 그러나 무거운 것을 버리라는 것이 다른 사람들이 우리에게 요구하는 대로 행하라는 것은 아닙니다. 그들의 말대로 하려고 하면 우리는 이리 뛰고 저리 뛰고 해야 할 것입니다. 사람들은 그런 것들을 이야기해서 우리들을 정죄감속으로 밀어넣습니다. 정죄감에 빠지면 우리의 믿음도 역사하지 않

습니다. 내 말은 다른 사람이 아닌 여러분 자신의 영이 여러분에게 말해주는 무거운 것을 벗어버리라는 것입니다. 하나님의 자녀라면 자신의 영(spirit)으로, 자신의 마음(heart)으로, 자신의 속 깊은 곳을 통해 여러분이 언제 죄를 짓는지를 알 수 있습니다. (사람들은 종종 이렇게 말합니다. "만일 나의 심령(heart)이 그것을 알 수만 있다면…" 이제부터는 "만일"이라는 단어를 사용하지 마십시오. 여러분은 이미 여러분의 양심(heart)이 말하는 것을 알 수 있는 존재가 되었습니다.)

죄를 지었으면, 즉시 그 죄를 회개하는 것을 늦추지 마십시오. - 심지어 교회에 올 때까지 기다릴 필요조차 없습니다. - 여러분이 죄 지은 것을 아는 즉시, 그 자리에 멈추어 서서 이렇게 말하십시오. "주님, 제가 잘못했습니다. 제가 죄를 지었습니다. 저를 용서해 주십시오." 그러면 주님은 그렇게 해주실 것입니다. 이렇게 하는 것이 여러분 자신을 자세히 살피는 것입니다.

제 4 과

여러분의 삶에 불신과 의심이 들어오지 못하도록 하십시오

네 번째 단계 : 하나님의 약속에 관한 한 여러분의 삶에 어떤 의심이나 불신도 허락하지 마십시오.

앞부분에서 언급한 두 번째 단계의 내용을 다시 생각해 봅시다. 두 번째 단계의 핵심은 우리가 하나님의 약속의 말씀에 확실히 거한다면, 우리의 믿는 것이 그대로 이루어진다는 것입니다. 이것을 믿어야 합니다. 만일 우리가 원하는 것에 대한 약속을 말씀에서 찾을 수 있다면, 원하는 것이 무엇이든 그것은 우리의 것이 될 것입니다. 이렇게 구했음에도 불구하고 우리가 원하는 것을 얻지 못한다면 그것은 하나님이 주시지 않기 때문이 아닙니다. 우리가 원하는 것을 얻지 못하도록 방해하는 자가 있기 때문인데 그는 바로 사단입니다. 사단은 이미 말한 대로 이 세상의 신입니다(고후 4:4). 하나님께서 말씀을 통해 약속하신 것을 우리가 믿고 또 구했다면 그것은 이 땅에서 이루어져야 합니다. 이 땅의 신인 사단은 그것이 이 땅에서 이루어지지 못하도록 온갖 궤계를 써서 막고 있습니다. 혹 우리가 구한 그것이 이 땅에서 이루어지는 것을 볼 수 없다고 해도 하나님께서 우리의 기도를 듣지 못하셨기 때문이라거나 기도를 응답하지 않으셨기 때문이 아닙니다. 다니엘서가 이것을 가르쳐 줍니다. 다니엘은 하나님께 간구하려고 마음을 먹고 금식을 했습니다. 전적으로 금식하지는 않았지만, 맛있는 것은 21일 동안 먹지 않았습니다.

하나님께서는 천사를 시켜 다니엘이 구한 것을 가져다주도록 하셨습니다. - 그렇지만 천사가 다니엘에게 오는데 21일이나 걸렸습니다. 다니엘에게 온 천사는 이렇게 말했습니다. "그가 내게 이르되 다니엘아 두려워하지 말라. 네가 깨달으려 하여 네 하나님 앞에 스스로 겸비케 하기로 결심하던 첫날부터 네 말이 들으신바 되었으므로 내가 네 말로 인하여 왔느니라"(단 10:12). 하나님께서는 21일째 날에 응답을 보내신 것이 아닙니다. 하나님께서는 다니엘이 간구한 첫 날, 응답을 보내셨습니다. 그런데 왜 그렇게 늦어졌습니까? 천사가 다니엘에게 말한 대로입니다. "**… 바사국 군이 이십일 일 동안 나를 막았으므로 내가 거기 바사국 왕들과 함께 머물러 있더니 군장 중 하나 미가엘이 와서 나를 도와주므로**"(13절). 바사국 왕이 천사가 응답을 가져오지 못하도록 막았기 때문에 늦어진 것입니다. 사단이 예수님을 시험할 때, 예수님을 높은 산으로 데리고 올라가서 이 세상의 모든 왕국을 순간적으로 보여주면서 예수님께 매우 달콤한 말로 유혹했습니다. "**가로되 이 모든 권세와 그 영광을 내가 네게 주리라. 이것은 내게 넘겨 준 것이므로 나의 원하는 자에게 주노라**"(눅 4:6). 바사왕은 그 나라를 지배하고 있던 악한 영의 세계로 깊이 **빠져** 들어가 있었던 것입니다. 그 영들은 천사가 응답을 가지고 오는 것을 원치 않았습니다. 하나님께서는 다니엘의 기도를 기도하는 첫날 들으셨고, 바로 그 첫 날에 응답을 보내셨습니다. 하나님께서는 여러분이 기도할 때도 즉시 응답을 보내십니다. 아직 나타나지 않았을 수도 있지만, 여러분이 기도하는 즉시 하나님께서는 응답을 보내십니다. 많은 분들이 기도한 즉시 응답을 보지 못하면 이렇게 말하며 불신앙과 의심의 상태로 쉽게 들어갑니다. "내가 구한 것을 주시는 것은 아마도 하나님의 뜻이 아니었나 보다."

　어느 가정에 외동딸이 있었는데 그녀는 태어난 이후 줄곧 병을 앓았습니다. 하나님의 치유하심을 알게 된 그녀의 어머니는 딸을 몇몇 목사님께 데리고 가서 기도를 받았습니다. 하지만, 그녀의 어린 딸이 치유를 받지 못하자 그녀의 어머니는 이렇게 말했습니다. "내 딸이 치유 받는 것은 하나님의 뜻이 아니구나. 내 딸의 치유가 하나님의 뜻이었다면 아이는 치유를 받았을 텐데. 이 아이를 데리고 다니며 많은 기도를 받았는데도 하나님의 치유를 받지 못했으니, 내 딸이 치유 받는 것은 하나님의 뜻이 아님에 틀림없어."

　그러나 이런 말은 옳지 않습니다. - 하나님의 뜻은 분명 그 아이를 치유하는 것입니다! 이런 생각들은 하나님의 약속에 반하는 것입니다. 치유는 자녀들에게 주어진 것입니다. 치유는 가족들에게 주어졌으며, 어머니에게 주어진 것입니다. - 그럼에도 그 어머니가 의심과 불신이 하나님의 약속에 침입하도록 허락했고, 결국 그 불신과 의심은 어머니에게 주어진 하나님의 축복을 **빼앗아** 가버린 것입니다. 하나님께서 성경말씀을 통해 약속하신 것은 우리가 그것을 가질 수 있도록 모든 준비가 된 것입니다. 하나님께서는 우리를 위하여 그것을 준비해 놓으신 후에 우리가 그것을 가져가지 못하도록 자물쇠로 잠궈 놓는 분이 아닙니다. 다시 말해서, 하나님께서 기도응답을 보류하고 계신 것이 아닙니다. 우리를 방해하고 기도응답이 이루어지지 않도록 방해하는 것은 마귀입니다. 그러므로 여러분이 확신한 것에서 뒤로 물러가지 마십시오. 하나님의 약속에 관하여 어떤 의심이나 불신도 들어오도록 하지 마십시오. 하나님의 말씀이 진리임을 선포하고, 확인하는 것을 쉬지 마십시오. 하나님의 말씀은 진리입니다!

성경에서 내게 말한 그대로 될 것을 믿으십시오
(It shall be even as it was told me)

나는 태풍에 휩싸여 침몰할 위기에 놓인 배위에서 바울이 한 말을 좋아합니다. 만일 그들이 바울에게 귀를 기울였다면 처음부터 그들은 그런 문제에 봉착하지 않았을 것입니다. 왜냐하면 그들이 배를 탈 때 바울이 "여러분이여 내가 보니 이번 행선이 화물과 배만 아니라 우리 생명에도 타격과 많은 손해가 있으리라"(행 27:10)고 말했기 때문입니다. 바울은 그의 영을 통해 그렇게 될 것을 알았습니다. 나도 그런 때가 **여러 번** 있었습니다. 어떤 때는 영으로부터 그런 소리를 듣고도 적절한 주의를 기울이지 않았습니다. 하나님께 감사한 것은 그래도 하나님께서 우리들에게 자비를 베푸셨다는 것입니다. 그들은 배와 배에 실었던 물품도 모두 잃어버렸을 뿐 아니라 그들의 생명마저도 잃어버릴 지경에 놓인 것입니다. - 그런데 바울이 이렇게 말합니다. "내가 너희를 권하노니 이제는 안심하라 너희 중 생명에는 아무 손상이 없겠고 오직 배뿐이리라. **나의 속한 바 곧 나의 섬기는 하나님**의 사자가 어제 밤에 내 곁에 서서 말하되 바울아 두려워 말라 네가 가이사 앞에 서야 하겠고 또 하나님께서 너와 함께 행선하는 자를 다 네게 주셨다 하였으니 그러므로 여러분이여 안심하라 나는 내게 말씀하신 그대로 되리라고 **하나님을 믿노라**"(행 27:22-25).

나는 바울이 말한 세 가지의 긍정적인 말을 통해 많은 은혜를 받았습니다.

1. 나는 하나님께 속했습니다.

이것을 안다는 것은 아주 좋은 것입니다. 그렇지 않습니까? 그는 폭풍의 한가운데서 매우 위험한 지경에 놓여있었고, 이로 인해 시험을 당하고 있었습니다. 그렇지만 그는 자신이 하나님께 속해있다는 것을 잊어버리지 않았습니다. 그는 또 이렇게 말했습니다. "…**나의 속한 바** 곧 나의 섬기는 하나님의 사자가…" 나 역시 하나님께 속해 있습니다! 여러분은 누구에게 속해 있나요?

2. 나는 하나님을 섬깁니다.

어떤 사람은 "나는 섬기려고 노력합니다"라고 말합니다. 아닙니다. 당신은 하나님을 섬겨야 합니다. 나는 하나님을 섬깁니다.

3. 나는 하나님을 믿습니다.

바울은 이렇게 말했습니다. "나는 내게 말씀하신 그대로 되리라고 하나님을 믿노라." 어떤 사람이 이렇게 말합니다. "그렇지만 바울에겐 천사가 나타났지 않습니까." 하나님의 말씀은 우리에게 이 천사의 말보다도 더 확실하고 굳건한 말씀인 성경이 이미 우리에게 있다고 말해주고 있습니다. 바울이 했던 이런 말들은 내가 많은 어려운 일들을 겪을 때에도 그 시간을 잘 통과하게 해 주었습니다. 나는 그때마다 그저 내 자리를 지키며 이렇게 말했습니다. "여러분(마귀를 포함해서 어떤 사람들이든지, 누구든지 들으세요), 나는 하나님께 속했습니다. 나는 하나님을 섬깁니다. 그리고 나는 하나님을 믿습니다. 그리고 나는 하나님이 내게 말씀하신 대로 되리라고 믿습니다." 나는 이 성경이 말한 대로 내게 이루어진다는 것을 말하고 있는 것입니다. 나는 성경이 말한 그대로 내게 이루어 질 것이라고 믿습니다. 우리는 인생에서 모두 어려운 일을 당합니다. 인생의 위기는 어느 누구도 피할 수 없습니다. 우리 중 누구라도 어려운 일을 겪게 되는 것을 면제받은 사람은 없습니다. 사단은 이 세상의 신입니다. 사단은 시험을 보내는 자입니다. 하나님이 그러시는 것이 아닙니다. 마귀가 우리들에게 어려운 일을 보내어 우리를 억압하는 것입니다. 마귀는 우리가 믿는다고 주장하는 것과 같이 정말 믿는 자인지 알아내기를 원합니다. 그는 그것을 알아내어 우리들에게서 진리를 도둑질해 가려고 하는 것입니다. 나는 가르치는 시간들이 끝날 즈음 사람들에게 이렇게 말합니다. "마귀가 도둑질하지 못하도록 미리 준비하십시오. 집회들이 끝나는 순간 즉시 마귀는 여러분들을 압박할 것입니다. 우리에게 시험과 시련은 꼭 오게 되어 있습니다. 마귀는 무엇이든 도둑질을 해가려고 노력하고 있습니다. 만일 마귀가 여러분을 불신의 수렁에 빠뜨릴 수만 있으면 하나님이 여러분께 예비해두신 진리를 가져가 버려서 여러분을 평생 동안 패배의 삶을 살도록 할 수 있을 것입니다."

말씀을 행하는 자 (A doer of the word)

예수님의 비유 "반석위에 지은 집, 모래위에 지은 집"에 대해 많은 사람들이 잘못 이해하고 있습니다. 예수님께서 말씀하셨습니다.

> 마 7:24-27
> 24 그러므로 누구든지 나의 이 말을 듣고 행하는 자는 그 집을 반석 위에 지은 지혜로운 사람 같으리니
> 25 비가 내리고 창수가 나고 바람이 불어 그 집에 부딪치되 무너지지 아니하나니 이는 주추를 반석 위에 놓은 까닭이요
> 26 나의 이 말을 듣고 행하지 아니하는 자는 그 집을 모래 위에 지은 어리석은 사람 같으리니
> 27 비가 내리고 창수가 나고 바람이 불어 그 집에 부딪치매 무너져 그 무너짐이 심하니라

똑같은 폭풍과 비, 홍수 그리고 바람이 불었을 때 한 집은 무너졌지만, 다른 집은 무너지지 않았습니다. 바위에 기초를 세웠기 때문입니다. 이 비유를 듣고 어떤 사람은 이렇게 말합니다. "예수님이 우리의 반석이시지요. 나는 예수님 위에 세워졌습니다."

그런 말씀을 하신 것이 아닙니다. 왜냐하면 구원을 받고 반석이신 예수님 위에 세워진 사람들도 여기저기서 넘어지는 것을 봅니다. 예수님께서 이 비유를 통해 말씀하시려는 것은 그것이 아

닙니다. 예수님은 말씀을 행하는 자가 되라는 것을 말씀하고 있는 것입니다. 폭풍을 견디는 자는 말씀을 행하는 자입니다. 하나님의 말씀을 행하는 자는 폭풍을 견딜 수 있습니다.

선한 싸움 (The Good Fight)

  믿음으로 사는 삶은 그렇게 쉬운 것은 아닙니다. 믿음의 삶은 싸워야 하는 삶입니다. 성경도 분명하게 "선한 싸움을 싸우라…"(딤전 6:12)고 말합니다.

  이 말씀도 오해를 하는 사람이 많습니다. 내가 보니 어떤 사람들은 "싸우라"는 말만 듣고서는 즉시 싸우기를 시작하는 것 같습니다. 그들은 이 성경 구절이 "다른 교회나 또는 다른 그리스도인들과 싸우라"는 말씀이라고 생각하고 있는 것이 틀림없습니다. 또한 윗옷을 벗고 넥타이를 풀며 옷의 소매를 걷어 붙이고서 이렇게 말하는 목사님을 본적이 있습니다. "나는 마귀와 싸울 것입니다." 그 때 나는 혼잣말로 이렇게 말했습니다. '사단과 싸운다면 그는 결코 이길 수 없을텐데. 왜 사단과 싸우려고 하실까. 더구나 예수님께서는 이미 그를 패배시켰으니 싸울 필요도 없는데.' 그들은 또 위에서처럼 옷을 벗어젖히면서 이렇게도 말했습니다. "나는 죄와 싸울 것입니다." 그 말을 듣고 이런 생각이 들었습니다. '왜 저 사람들은 죄와 싸우려고 할까. 예수님이 이미 모든 것을 해결해 놓으셨는데 말이야. 예수님이 죄를 없애 버리셨는데.'

  예수님은 그의 희생으로서 죄를 없애버리셨습니다(히 9:26).

이제 우리에겐 죄의 문제란 없습니다. - 죄인의 문제만 있습니다. 죄인을 예수님께 데리고 가면 그의 죄의 문제는 해결됩니다. 예수님께서 모든 죄의 문제를 해결하셨습니다. 우리는 예전에 이런 광고를 본적이 있습니다. "소아마비 퇴치를 위해 힘을 모읍시다." 그리고 후에 과학자들은 소아마비 예방주사를 만들어냈습니다. 이젠 더 이상 소아마비 퇴치를 위해 힘을 모으자는 광고를 볼 수 없습니다. 그들은 소아마비를 위해 싸울 필요가 없습니다. 왜냐하면 이미 우리들은 소아마비 예방약이 있기 때문입니다. 하지만 암이라면 다릅니다. 우리는 아직도 암을 퇴치할 방법을 찾는 일을 위해 모금을 하는 것을 봅니다. 우리들은 아직 암을 퇴치할 방법을 찾지 못했기 때문입니다.

   죄와 싸우는 것은 더 이상 소용이 없습니다. - 예수님이 해결책입니다! 죄에 대하여 설교를 하지 마십시오. - 해결책에 대하여 설교를 하십시오!

   그러면 우리가 무슨 싸움을 해야 한다는 말입니까? '믿음의 선한 싸움'을 싸워야 합니다! '선한'이라는 말에 주의하십시오. 성경은 '믿음의 나쁜 싸움을 싸우라' 혹은 '믿음의 악한 싸움을 싸우라'고 하지 않았습니다. 이 단어를 염두에 두고 디모데서보다 훨씬 앞서 기록된 이스라엘 백성이 애굽에서 나와서 가나안 땅의 변경에 머물러 있었던 때로 가봅시다. 가데스 바네아라는 곳에 머물면서 그들은 12명의 정탐꾼을 보내어 가나안 땅에 대해 알아보려 했습니다. 12명의 정탐꾼 중 10명은 악한 보고(report)를 가지고 왔다고 말합니다(민 13:32). 그들의 보고는 믿음이 없는 보고였습니다. "그 땅에는 거인이 있으며, 그들의 눈에 우리는 메뚜기 같아 보였을 것이고, 우리는 그 땅을 가질 수 없습니다."라고 보고했습니다. 성경은 그들의 이런 보고를 악한 보고라고 말하고 있습니다. 이것은 믿음이 없는 보고였습니다.

반면, 나머지 2명의 정탐꾼인 갈렙과 여호수아는 좋은 보고를 가지고 왔습니다. 그들의 좋은 보고는 무엇이었습니까? "거인이 거기에 물론 있습니다."라고 그들은 말했습니다. 그들은 사실을 부정한 것이 아닙니다. "물론 그들의 눈에 우리가 메뚜기 같이 보였을 것입니다... 그렇지만... 우리 하나님은 그들을 우리 손에 붙일 능력이 있습니다! 자, 당장 올라가서 그 땅을 취합시다!"라고 그들은 말한 것입니다.

믿음은 항상 좋은 보고를 가져옵니다. 이제 신약의 디모데전서 6장 12절로 돌아가 봅시다. "선한 믿음의 싸움을 싸우라..." 당신은 좋은 보고를 유지하기 위하여 싸워야 합니다. 거인이 바로 거기 서서 우리의 얼굴을 들여다보고 있을 때, 또 그들의 눈에 우리 자신이 메뚜기 같아 보일 때 좋은 보고를 유지한다는 것은 물론 쉬운 일이 아니지만, 그러나 우리는 좋은 보고를 유지해야 하는 것입니다. 좋은 보고를 유지하는 것만이 우리에게 승리를 가져다 줍니다.

선한 싸움을 싸우십시오! 항상 좋은 보고를 가져오는 것은 바로 믿음을 갖는다는 것입니다. 좋은 보고가 아닌 다른 종류의 보고를 받아들인다면, 그것은 믿음의 싸움을 하는 것이 아닙니다.

"잘 지내세요?"

"오늘 아침에 잠에서 깨어났는데 허리에 극심한 통증이 있었어요. 그래서 아침에 남편 존에게 이렇게 말했어요. '모든 사람들에게 기도부탁을 하고 또 해긴 목사님께 치유기도도 받았는데도 오늘 아침까지 이렇게 아픈 것을 보니 하나님께서는 내 허리를 치유해주지 않으시려나 봐요. 기도가 저에게는 역사하지 않는군요.'"

이런 말을 하는 것은 좋은 보고가 아닙니다.

패배한 것이 확실해 보이는 상황에서도 이에 정면으로 맞서서 – 우리의 믿음은 미약해진 것 같고, 승리할 수 없을 것 같을 때에도 – 믿음의 선한 싸움을 싸우십시오! 좋은 보고를 유지하도록 싸우십시오. 사람들에게 우리의 상태가 어떤가에 대해 말하지 마십시오. 내 몸이 여기저기가 아프다고 사람들에게 말하지 마십시오.

"잘 지내세요?"라고 사람들이 물으면 좋은 보고로 이렇게 답하십시오. "예. 하나님을 찬양합니다. 하나님이 내 편이시지요. 내 안에 계신 분이 세상에 있는 이보다 더 크시지요. 예수님께서 나의 연약함을 담당하시고 나의 질병을 짊어지셨어요."

옳은 싸움으로 들어오십시오. 믿음의 선한 싸움을 싸우십시오. 모든 것이 우리를 공격하는 것 같은 상황에서도 이에 정면으로 맞서서 좋은 보고를 유지하기 위해 싸워야 합니다.

순복음교회 사업가들을 위한 집회에서 믿음에 대하여 가르치던 어느 날 오후, 집회가 열리고 있는 호텔의 복도에서 만난 어느 여자 성도님이 나에게 상담을 요청했습니다. "목사님, 먼저 저에게 한 가지만 약속해 주시겠어요?" 다짜고짜 나에게 물었습니다.

"무엇인지도 알지도 못하는 일에 약속을 할 수는 없지요." 내가 대답했습니다.

그 여자는 울음을 터뜨리면서 이렇게 말했습니다. "저는 과부입니다. 15살 된 아들이 하나 있답니다. 해긴 목사님, 그 아이를 어떻게 해야 할지 모르겠어요. 그 아이는 교회에 나가지 않습니다. 깡패들하고 어울려 다니면서 어떤 때는 새벽 3시나 4시가 되어서야 들어오기도 합니다. 그 아이가 마약을 하게 되지 않을까 걱정입니다. 밤에 잠자리에 누워서도 혹시나 그 아이가 체포되었다는 전화가 오지 않을까 싶어 밤을 꼬박 새운답니다. 그래서 목사님께서 그 아이를 위해 매일 기도해 주시기를 이렇게 부탁드리는 것입니다."

"나는 기도하지 않겠습니다." 그 여자성도님의 주의를 환기시키려고 일부러 이렇게 대답했습니다. 그 성도님은 놀라서 나를 바라보았습니다. "기도해 주시지 않겠다고요?"

"예, 저는 기도하지 않을 것입니다. 솔직히 말씀드리면 그 아이를 위해서 단 한번도 기도하지 않을 것입니다."라고 내가 말했습니다. "어쩌면 그런 말씀을..." 그 성도님의 눈이 휘둥그레졌습니다. 그 때 집회에서 나는 믿음과 기도를 주제로 설교하고 있었습니다. 나는 그녀에게 이렇게 설명했습니다. "제가 기도한다고 해도 아무 소용이 없을 것입니다. 왜냐하면 성도님이 제가 하는 기도를 아무 효력이 없게 만들기 때문입니다. 성도님은 항상 그 아이에게 '너는 아무짝에도 쓸모없는 아이가 되고 말꺼야' '너는 어떻게 하는 일마다 엉망이니' '너는 결국 소년원이나 교도소에 가게 될거야' 라고 말하곤 하셨지요?"

그녀가 물었습니다. "제가 그 아이에게 그렇게 말한 것을 목사님이 어떻게 아십니까?"

"왜냐하면 지금 그 아이가 그렇게 되었기 때문입니다. 성도님이 언제나 그렇게 말했기 때문에 그 아이는 그렇게 되어버린 것입니다. 성도님은 틀린 말을 하고 있었습니다. 성도님은 옳은 보고를 하신 것이 아닙니다."

"그러면 이제 어떻게 해야 되나요?" 그녀가 물었습니다.

"성도님의 아이를 어렸을 때부터 훈련했어야 합니다. 이제 그렇게 하기에는 너무 늦었습니다. 이제부터는 그 아이를 내버려두세요. 더 이상 그 아이의 행동에 대해 간섭하지 마세요."

"그 아이가 어렸을 때 저는 하나님을 알지 못했습니다. 구원도 받지 못했고, 교회도 다니지 않았었지요."

"그 아이에게 교회에 나가자는 말도 하지 마십시오. 그 아이는 그런 말조차도 싫어합니다. 그 아이가 그런 말을 듣고 순종할 시기는 지났으니 그를 가만히 두시는 것이 좋겠습니다. 그 아이에게 잔소리를 하는 것도 그만두십시오. 앞으로는 그 아이에게 '너는 소년원에 가게 될거야' 혹은 '너는 그러다가 교도소에 가게 될거야' 혹은 '너는 하는 일마다 망쳐버리는 구나' 혹은 '너는 나쁜 아이다' 라는 말을 단 한번이라도 하지 마십시오."

"그리고 밤에 그가 나가서 어딘가를 돌아다니고 있을 때에도 누워서 '그 아이가 어딘가에서 사고를 칠거야 그리고 전화가 오겠지'라는 말을 하지 마십시오. 절대로 그런 말을 해서는 안됩니다."

"그 아이에게는 아무 말도 하지 마시고, 대신 큰소리로 이렇게 고백하세요. '주님, 나는 그 아이를 믿음으로 둘러쌀 것입니다.' 성도님은 지금까지 그 아이를 불신앙으로 감싸고 있었지요." (대부분의 사람들이 그렇게 합니다. 그들은 그들의 아이들을 그들의 전 생애동안 불신앙으로 감싸곤 합니다. 나는 항상 내 아이들을 믿음으로 둘러쌉니다.)

"이렇게 말하세요. '주님, 나는 이 아이를 믿음으로 둘러싸고 있습니다. 나는 아이가 잘못되리라고 믿지 않습니다.' 아마도 성도님의 생각은 성도님의 말에 동의하지 않을 것입니다. 성도님의 생각은 그렇게 말하는 것은 거짓이라고 말할 것입니다. 그렇더라도 이렇게 말하십시오. '나는 그 아이가 소년원에 갈 것이라는 생각에 동의하지 않는다.' '나는 그 아이가 교도소에 가게 될 것이란 생각에 동의하지 않는다.' '나는 그 아이가 나쁜 아이라는 생각에 동의하지 않는다.' '나는 그 아이가 구원 받게 될 것이라는 것을 믿는다.' '나는 그 아이가 좋은 사람이 될 것이라고 믿는다.'"

"계속해서 성도님이 확신이 생길 때까지 그렇게 고백하십시오. 아마도 처음에는 성도님도 그런 것들을 믿지 못할 것입니다. 왜냐하면 성도님은 이미 부정적인 생각들로 프로그램이 되었기 때문입니다."

이 땅 위의 모든 것들은 부정적으로 프로그램 되어 있습니다. 신문에 좋은 일들이 보도되는 일은 거의 없습니다. 항상 나쁜 일이 신문지면을 채웁니다. 두 명이 사망했습니다. 네 건의 자동차 사고가 일어났습니다. 비행기가 추락했습니다. 만일 신문에 어떤 사람이 정부의 어떤 자리에 임명되었든지 혹은 당선된 기사가 실린다면 동시에 그 사람이 무엇을 잘못했는지를 같이 보도합니다. 그 사람들이 잘한 일은 기사에 실리지 않으므로 아무도 그 사람들이 무엇을 잘했는지는 알 수 없습니다. 신문은 그런 사람들이 일을 해결하기 어려울 것으로 생각하는 이유만을 싣기 마련입니다. 사단은 이 세상의 신입니다. 사단은 부정적인 신입니다. 그래서 이 세상에 있는 모든 것들은 부정적입니다. 우리도 이 세상에 있습니다만, 이 세상에 속한 존재는 아닙니다. 그럼에도 불구하고 성령 충만한 그리스도인들도 그저 앉아서 텔레비젼이나 신문을 통해 보도되는 부정적인 쓰레기 더미에 파묻히고 있는 것입니다. 내가 목회를 시작할 당시에(1949년 이전) 텔레비젼은 없었지만, 라디오가 있었습니다. 교회 모임에서 한 여자성도님이 '퍼킨스' 부인을 위한 기도제목을 내었습니다. ('퍼킨스' 부인은 라디오 드라마에 나오는 주인공이었습니다.) 그 여자성도님은 이렇게 말했습니다. "저는 우리가 퍼킨스부인을 위하여 기도를 해야 한다고 생각해요. 그 여자는 지금 어려운 처지에 있거든요." 그 여자성도님은 라디오 드라마에 심취해서 그것이 실제라고 생각하게 되었던 것입니다. 라디오 드라마에 출연하는 사람들은 어려운 처지에 놓이게 마련입니다. 드라마에는 나쁜 사건들이 일어나야만 합니다.

우리는 그 부정적인 것에서 벗어나 긍정적인 쪽으로 와야 합니다. 나는 이 여자에게 이렇게 말했습니다. "처음에는 성도님 스스로도 자신이 말하는 것을 믿지 못할 것입니다. 성도님의 생각이 그것을 받아들이지 않을 것이니까요. 하지만 성도님을 긍정적으로 다시 프로그램 하십시오. 성도님의 아들에 대해서 계속 긍정적인 것을 말하십시오. 성도님이 그런 것들을 오래 말한다면 결국 그것을 믿게 될 것입니다." 그리고 그 여자와 헤어졌습니다. 15개월 후 나는 FGBMFI(순복음 사업가 국제협회) 모임을 위해 다시 세인트 루이스를 방문하게 되었습니다. 첫 시간 설교를 마쳤을 때 한 여자성도님이 강단이 있는 쪽으로 달려 나왔습니다.

"해긴 목사님, 저를 기억하세요?"

"글쎄요, 기억이 잘 안납니다만." 나는 내가 만났던 사람을 대체로 기억하는데, 그 여자성도님은 낯익은 얼굴이 아니었습니다. 그 여자는 "작년에 제가 다른 호텔에서 제 아이를 위해 기도해 달라고 목사님께 부탁했었어요. 기억나세요?"라고 말했습니다.

"아! 예, 이제 기억이 납니다." 내가 말했습니다.

"그 때 솔직히 목사님께 좀 화가 났었습니다. 하지만 제 잘못을 깨닫고 회개했었습니다. 하나님께서 저를 용서해 주셨지요. 그리고 나서 목사님께서 말씀하신대로 했습니다. 그렇게 쉽지만은 않더군요."

내가 그 여자성도님께 말했습니다. "제가 쉽다고는 하지 않았습니다. 싸움은 쉬운 것이 없지요."

"저는 정말 싸움을 하다시피 했어요. 먼저 저 자신과 싸워야 했는데, - 저의 타고난 기질, 타고난 사고방식, 그리고 제 육신과 싸워야 했습니다. 여하튼 저는 제 아들을 더 이상 간섭하지 않았어요. 교회에 가자는 말도 일절 언급하지 않았고, 그 아이에게 전혀 잔소리를 하지 않았습니다. 이것은 정말 어려운 시간이었어요. 예전엔 침대에 누워 걱정을 하며 '저 전화가 곧 울릴거야. 그는 깡패들이랑 있을거야. 그는 마약을 할지도 몰라. 그는 감옥에 갈지도 몰라.' 라는 말들을 습관적으로 했지만, 이번엔 혀를 깨물었어요. 그리고 저 자신에게 이렇게 말했지요. '그런 말을 해서는 안돼지. 그런 말들을 이제 그만해.' 그리고 저는 긍정적인 쪽으로 돌아서서 이렇게 말했어요. '아니다, 아니다, 아니다, 나는 우리 아이가 소년원에 갈 것이란 생각을 믿지 않는다. 나는 그 아이가 감옥에 갈 것이란 생각을 믿지 않는다. 나는 그 아이가 구원을 받을 것이라고 믿는다.' 전 그런 말들을 할 수 있는 대로 용감하게 말했지요. 그리고 전 마귀와도 싸워야 했습니다. 제 속의 무엇인가가 저에게 이렇게 말하곤 했어요. '애야! 너 참 불쌍하구나, 그리스도인이라면서 이제는 거짓말까지 하는구나. 너는 네가 말하는 것을 믿지 못하잖아, 그렇지? 너는 그 아이가 깡패들이랑 어울려 다니는 것을 알고 있을 텐데. 너는 그 아이가 장차 어떻게 되리라는 것을 이미 알고 있어'"

"나는 정말 싸움을 했습니다. 몇 달이 지나자 저는 그동안 제가 아이에 대해 말해오던 것에 확신이 생겼고, 그 말을 할 때 그것을 믿으면서 말을 할 수 있게 되었지요. 어느 주일날 그 아이는 새벽 4시나 되어서야 집에 들어왔어요. 그날 아침 저는 주일학교와 예배를 위해 교회에 가야했기 때문에 가기 전에 무엇을 먹으려고 조금 일찍 일어났는데, 글쎄 그 아이도 그 시간에 잠자리에서 일어나는 것이에요. 그 아이는 저에게 이렇게 말했습니다. '엄마, 나도 엄마랑 같이 아침을 먹겠어요.' 그래서 같이 아침을 먹는 동안 그는 이렇게 말했습니다. '나도 엄마랑 같이 오늘 아침에 교회에 가겠어요.' 전 그 아이에게 교회에 가자는 말을 몇 개월 동안이나 하지 않았거든요. 교회에 가겠다는 말을 들었을 때 제가 아들에게 '애야, 너는 새벽 4시나 되어서야 들어왔지 않니 그냥 집에서 쉬어라. 교회에 가지 않는 것이 좋겠다.' 라고 말하곤 제 스스로 놀랐습니다. 그러자 아들이 다시 이렇게 말했지요. '아니에요, 엄마와 같이 교회에 가고 싶어요.' 나는 '정말이니?' 라고 말했고 그 아이는 '예, 가겠어요.' 라고 대답했고, 정말 그날 우리는 같이 교회에 갔지요."

다음 주일에도 그 아이는 새벽 4시에 들어왔지만, 아침이 되자 또 일어나서 아침 식탁으로 왔고, 또 다시 이렇게 말했습니다. "오늘 아침 엄마와 같이 주일학교와 교회예배에 가겠어요." 그의 어머니가 "애야, 너무 늦게 들어왔지 않니, 가지 않는 것이 좋을 것 같구나."라고 말하자 그녀의 아들은 "아니요. 가고 싶어요."라고 말했고 그들은 같이 교회에 갔습니다. 그날 저녁에도 그녀의 아들은 "오늘 저녁에도 엄마랑 같이 교회에 갈께요."라고 말했습니다. 그 아이가 주일오후 내내 열심히 놀았기 때문에 엄마는 또 이렇게 말했습니다. "애야, 너는 내일 학교에 가야 하지 않니? 너는 집에서 일찍 자는 것이 좋겠다." 그러나 그녀의 아들은 "아니에요. 가고 싶어요."라고 말했습니다. 그는 또 교회예배에 참석했고, 그 날 구원받을 사람을 부르는 시간에 그의 어머니가 뭐라고 하지도 않았는데 예배당 맨앞으로 나아가 구원을 받았고 성령으로 충만함을 받았습니다. 그녀는 나에게 "제 아들은 전에는 100% 마귀를 위해 살았지만, 지금은 100% 하나님을 위해서 산답니다. 그는 하나님을 향해 불이 붙었습니다. 해긴 목사님, 저를 옳은 길로 인도해 주셔서 정말 감사합니다. 저는 완전히 새로 태어난 아들을 가지게 되었습니다."라고 말했습니다.

"주님을 찬양합시다!" 내가 대답했습니다. 그녀는 나와 악수를 하고 돌아서서 한 두 발자국을 걸어 나가다가 돌아서서 다시 왔습니다. 그리고 "제가 또 드릴 말씀이 있습니다."라고 말했습니다.

"무슨 말인데요?" 제가 물었습니다.

그녀는 이렇게 말했습니다. "나의 아들도 새로운 엄마를 얻었습니다! 나는 이제 걱정을 하지 않습니다. 나는 아무 일에도 걱정을 하지 않습니다. 어떤 때 저는 제 자신을 꼬집고 이렇게 말을 합니다. '진짜 이게 너 맞아?' 저는 정말 부정적인 말들을 자주하곤 했습니다. 항상 걱정을 하고 의심과 불신만을 이야기했었고 언제나 어두운 그림을 그리고 있었지요. 그렇지만 지금은 항상 기쁩니다. 할렐루야! 저는 이제 절대로 걱정을 하지 않습니다!"

내가 말했습니다. "저도 자매님께 할 말이 하나 있습니다. 자매님이 그동안 너무 젊어지셔서 처음 뵈었을 때 제가 그만 알아보지 못했습니다."

선한 믿음의 싸움 – 악한 믿음의 싸움이 아닙니다 – 을 싸우십시오! 갈렙과 여호수아는 좋은 보고를 가지고 왔습니다. 믿음은 항상 좋은 보고를 하는 것입니다!

마귀를 대적하십시오 (Resist the Devil)

여러분의 이성이 하나님의 약속을 의심하거나 믿지 못하도록 하는 것을 절대 허락해서는 안됩니다. 하나님의 말씀은 의심할 필요가 없습니다. 어떤 사람이 이런 말을 했습니다. "그런데 저는 자꾸 의심이 들거든요. 어떻게 할 수가 없습니다." 아닙니다. 우리들은 의심을 거부할 수 있습니다. 만일 여러분이 하나님의 자녀라면 그렇게 할 수 있습니다. 여러분이 거듭났다면 그렇게 할 수 있는 것입니다. 믿는 자의 속사람은 하나님의 생명과 본성을 가진 새로운 피조물입니다(고후 5:17). 거듭난 사람, 즉 새로운 피조물은 겉 사람인 몸(육신)을 말하는 것이 아닙니다. (만일 여러분이 거듭나기 전에 갈색눈동자를 가졌다면 거듭난다고 해도 여러분 눈동자의 색은 여전히 갈색입니다.) 거듭나면 속에 있는 사람이 새로운 사람이 된 것입니다. 그렇기 때문에 우리는 의심하지 않을 수 있으며, 의심으로부터 자유로울 수 있는 것입니다.

   나는 사람들이 일반적으로 당하는 많은 문제들로부터 자유로운 삶을 살았습니다. 열여섯 살에 병상에서 구원받고 십대의 소년으로서 하나님을 위하여 살았습니다. 내가 다른 사람들과 다른 점이 한 가지 있었다고 생각합니다. 병들어 누워있었을 때, 하나님의 말씀을 깊이 파고들어 간 것이 그것입니다. - 16개월간을 침상에 누워 있었는데, 처음 6개월 동안은 성경을 많이 읽을 수 없었습니다. 시력도 좋지 않았고 마비증세 때문에 성경을 들고 있을 수도 없었기 때문입니다. 6개월이 넘어서면서부터는 한 시간정도 집중해서 읽을 수 있게 되었고, 1~2개월쯤 후부터는 원하는 만큼 읽을 수 있게 되었습니다. 성경을 깊이 파고들었습니다. 그리고 읽은 것들을 그냥 믿었습니다. 한 순간도 의심하지 않았습니다. 만일 성경에서 내가 무엇을 할 수 있다고 말하면 나는 그것을 내가 할 수 있는 것을 알았습니다. 하나님께서는 내가 할 수 없는 것을 하라고 하지 않으실 것이니까요. 만일 하나님이 우리가 할 수 없는 것을 하라고 하셨다면, 하나님은 공정하지 못한 분일 것입니다. - 그렇지만 하나님은 불공정한 분이 아니시지요. 나는 여러 곳에서 사람들이 이렇게 말하는 것을 들었습니다. "나는 이것을 할 수 없어요, 나는 저것도 할 수 없어요." 참으로 우리는 "할 수 없다"라는 말을 던져버려야 합니다. 우리가 할 수 있다고 성경이 말한다면 우리는 그것을 할 수 있는 것입니다. 만일 내가 성경에서 "믿으라"는 구절을 읽는다면, 나는 내가 그것을 믿을 수 있다는 것을 믿었습니다. 나는 하나님의 말씀이 내게 하라는 것을 할 수 있습니다. 우리에게 할 수 있는 능력이 있기 때문에 하나님께서 우리에게 하라고 말씀하신 것입니다. 만일 내가 바른 태도로 반응한다면 하나님의 말씀이 하라는 것을 할 능력이 있는 것입니다.

예배가 막 끝날 즈음에 한 여자 성도님이 왔습니다. 그녀가 내게 "해긴 목사님, 저를 위하여 기도해 주세요."라고 말했습니다.

"무엇을 위해서 기도할까요?" 내가 물었습니다.

"제가 그것을 꼭 말해야 되나요?"

"성도님이 말을 하지 않으시면 저는 기도할 수 없지요."라고 내가 말했습니다.

만일 성도님이 원하는 것을 받게 될 것임을 목사인 내가 믿기 원한다면, 내가 무엇을 믿어야 하는지 당연히 내게 알려주어야 한다고 말했습니다. 그것이 바로 성경이 말하고 있는 것이며, 성경이 말한 것과 다른 것을 나는 믿을 수 없으며, 우리의 믿음은 하나님의 말씀에 근거한 것이기 때문입니다. 그 여자는 목소리를 가다듬더니 울기 시작했습니다. "해긴 목사님, 저는 제 삶에 놓인 걱정과 염려의 짐이 너무 무겁습니다. 그것들을 다 짊어지고 가기엔 너무 벅찹니다. 목사님께서 하나님께 구하셔서 이 두 가지 짐 중에 하나만 지도록 해 달라고 해주세요. – 하나님께서 나에게 은혜를 주셔서 다 견디게 하시던지 혹은 반만이라도 하나님께서 없애달라고 말입니다. 반은 견뎌볼 수 있을 것 같은데, 두 짐을 모두 지는 삶은 더 이상 견딜 수 없습니다."

내가 이렇게 말했습니다. "자매님, 저는 그런 기도는 할 수 없습니다. 둘 다 지고 갈 수 있는 은혜를 구하는 것이나, 짐의 반을 없애달라고 구하는 것이나 모두 성경적이 아닙니다. 하나님께서는 자매님이 현재의 짐의 반이라도 지고 가는 것을 원치 않으시고, 또는 무슨 은혜를 주셔서 자매님이 그것을 모두 지고 갈 수 있도록 하는 것도 원치 않으십니다. 하나님께서는 자매님을 위해 자매님의 모든 짐을 다 해결해 주시기를 원하십니다."

"자매님과 제가 이런 비밀(inside information)을 알고 있다니, 참 신나는 일 아닙니까." 나는 하나님의 말씀을 비밀(inside information)이라고 표현한 것입니다. 그리고 베드로전서 5장 7절을 펴서 읽었습니다. "너희 염려를 다 주께 맡겨 버리라 이는 저가 너희를 권고하심이니라." 이것은 우리가 염려에 대하여 어떻게 해야 하는지를 말해주고 있습니다. 우리의 염려를 다 주께 맡겨야 하는 것입니다. - 절반만 맡기라거나 혹은 하나님께서 은혜를 주시도록 기도하라는 것이 아닙니다. - 말 그대로 우리 모든 염려를 주께 맡기는 것입니다! 나는 확대번역본의 번역을 좋아합니다. 이 성경은 이 부분을 좀더 더 자세히 말하고 있습니다. 확대번역본은 이렇게 말합니다. "너희 염려를 - 너희 근심하는 모든 것, 너의 걱정하는 모든 것, 너희 관심을 가진 모든 것, 아주 한 번에 다 - 그에게 다 맡겨라. 왜냐하면 하나님께서 너희를 사랑스럽게 돌보시고 관심을 가지고 돌보시기 때문이다."

나는 그녀에게 하나님의 말씀을 가르쳐 주었습니다. 그러자 그녀가 나를 쳐다보며 이렇게 말했습니다. "너무 냉정하게 말씀하시네요."

"사랑하는 자매님, 성경은 제가 기록한 것이 아니지요. 자매님의 모든 염려를 하나님께 맡기라고 하는 말도 제가 스스로 하는 것이 아니잖습니까? 하나님께서는 언제나 주의 깊게 자매님을 살펴보고 계시며, 자매님의 모든 것을 사랑스럽게 돌보시지요. 하나님께서 자매님께 모든 염려를 다 자신에게 맡기라고 하신 이유는, 하나님께서 친히 자매님을 돌보려 하시기 때문입니다. 하나님은 자매님을 사랑하십니다. 하나님은 냉정하신 분이 아닙니다. 하나님께서 자매님을 사랑하시기 때문에 자매님의 모든 짐을 지고 가시기를 원하십니다. 하지만 자매님이 문제(염려)를 하나님께 내려놓지 않고 계속 지고 간다면, 하나님께서는 자매님의 염려를 가져가실 수 없어요. 모든 염려는 하나님께 가져와야 합니다. 하나님께 다 맡겨버려야 합니다."

"알겠습니다. 하지만, 목사님께선 내 염려가 어떤 것인지 모르시기 때문에 그렇게 말씀하시는 것 같아요."

"물론 저는 자매님의 염려가 어떤 것인지 잘 모릅니다. 다만, 제가 알고 있는 것은 하나님께서는 그것이 무엇인지 아신다는 것입니다. 모든 염려를 주님께 가져와서 맡겨드립시다."

그녀는 끝내 그렇게 하지 못했습니다. "아니에요, 저는 그렇게 할 수 없다는 것을 압니다. 제 성격상 걱정하는 것을 그만두기는 어렵습니다."

나는 다시 권했습니다. "알콜 중독자들도 그렇게 말하지요. '나는 술을 끊을 수 없습니다.' 담배 피는 사람들도 그렇게 말합니다. '나는 담배를 끊을 수 없다니까요.' 걱정하는 습관이 있는 사람도 그렇게 말합니다. '나는 걱정하는 것을 그만 둘 수 없습니다.' 아닙니다. 그들은 그렇게 할 능력이 있습니다."

"할 수 없다"는 말을 사용하지 마십시오. 우리들은 할 수 있습니다. 우리들은 성경이 하라고 기록한 모든 것을 할 능력이 있습니다. 우리들은 믿을 수 있고, 의심하는 것을 거부할 수 있으며, 마귀를 대적할 수 있습니다. 마귀는 우리가 대적하면 우리를 피해갈 것입니다.

마귀는 매우 교묘한 꾀를 사용합니다. 그는 슬쩍 어떤 생각을 우리의 머리에 집어넣습니다. 그런 뒤에 당신에게 이런 암시를 합니다. "너는 정말 본성적으로 나쁜 사람이구나. 네가 구원을 받은 존재라면 어떻게 그런 생각들을 할 수 있니?" 마귀는 계속하여 의심과 불신 속으로 여러분을 끌어들이려 하는 것인데, 만일 여러분이 그에게 귀를 기울인다면 그는 신이 나서 하고 있는 일을 계속할 것입니다. 이것을 기억하십시오. 생각들이 머리 속으로 들어온 뒤에는 계속 머물러 있겠다고 주장을 할 수 있습니다. 그렇지만 말이나 행동으로 옮겨지지 않은 생각들은 태어나지 못한 채 죽게 됩니다. 그리고 이것도 기억하십시오. 하나님의 가장 성스러운 성도들도 때때로 그들의 마음속에 그들의 심령이 원치 않는 육신적인 생각들을 가지고 있었습니다. 여러분의 이성(head)에 귀를 기울이지 마십시오. 이성(head)이 여러분을 주장하도록 허용하지 마십시오. 여러분의 심령(heart)이 여러분을 주장하게 하십시오. 여러분의 영(spirit)이 여러분을 주장하도록 하십시오.

심령으로 믿어야 합니다 (Heart Faith)

우리가 기억해야 할 것이 또 있습니다. 어떤 일에 대해 혹 우리의 머리(head)가 의심할지라도, 심령으로만 그것을 믿고 있으면 우리의 믿음은 역사합니다. 대부분의 그리스도인들은 항상 그들의 머리의 생각을 따라 행동합니다. 우리는 머리, 즉 마음(mind)과 육신의 감각(physical sense)으로 이 세상과 접촉합니다. 우리가 머리로 이 세상과 접촉하기 때문에 이 세상의 것들은 언제나 우리의 머리안에 남아있게 됩니다.

"내가 의심을 안 한다고 하면 거짓말을 하는 셈이 될 것입니다." 많은 그리스도인들은 이렇게 말하는 것이 정직한 것이라고 생각합니다. 여러분의 마음 안에 마귀가 여러 가지 방법으로 집어넣어둔 의심이 있다고 해서 여러분이 불신자가 되는 것은 아닙니다. 예수님은 마가복음 11장 23절에서 우리들의 머리에 있는 의심에 대하여서는 한 말씀도 언급하지 않으셨습니다. "...**마음(심령)**에 의심치 아니하면 그대로 되리라(shall not doubt in his **HEART**)"고 말씀하셨습니다.

내가 아는 것은 비록 우리의 머리는 의심할지라도 심령으로 믿기만 하면 믿음이 역사한다는 것입니다. 내 생애에 일어났던 일들 중 가장 놀라운 일들이 나의 머리가 여전히 의심을 가지고 있을 때 일어났습니다. 나는 머리가 하는 말에 주의를 기울이지 않았으며, 심령으로 믿었습니다. 거의 전신이 마비되고, 비정상적인 심장을 가졌으며, 불치의 혈액병을 가진 17세의 소년으로서 치유를 받았을 때, 나의 머리는 계속하여 "이것은 불가능한 일이야."라고 말하고 있었습니다. 그런 생각들은 나의 머리에 기관총을 쏘는 것보다 더 빨리 쏘아지고 있었습니다. "너는 치유된 것이 아니야. 네 몸을 한번 봐라. 너의 심장이 이상하게 움직이는 것을 너도 느낄 수 있을 텐데. 너는 치유 받지 못했다니까…"

나는 머리에 떠오르는 이런 말에 전혀 신경을 쓰지 않았습니다. 속으로부터 이렇게 말했습니다. "하나님의 말씀에 의하면 이것은 이미 이루어진 일이다." 그러자 한 시간이 못되어 모든 증세들이 사라졌습니다. 재정적인 분야도 마찬가지였습니다. 나는 믿음이 역사한 사례를 얼마든지 이야기할 수 있습니다. 항상 나의 머리는 이렇게 말하곤 했습니다. "이번엔 역사하지 않는다. 너는 돈이 없어. 너도 돈이 없는 것을 알지 않니? 네 믿음은 역사하지 않을 거야. 사람들은 네가 얼마나 엉터리인지 곧 알게 될 거야. 네가 가르치는 믿음이란 것은 아무 소용이 없어. 너도 이것이 역사하지 않을 것을 알고 있잖아." 하지만 나는 머리에는 전혀 신경을 쓰지 않았습니다. 내 심령으로 이렇게 말했습니다. "하나님의 말씀이 그렇다고 말했으니 이것은 말씀대로 이루어질 것이다. 머리가 무엇이라고 말하든 신경쓰지 않을거야."

밤에 잠을 자려고 누웠을 때 다시 나의 머리는 나를 괴롭혔습니다. 여러 생각이 내 머리 속을 맴돌았습니다. "네 믿음은 역사하지 않아. 돈이 어디에 있어? 돈이 어디 있냐고? 너에겐 돈이 없잖아." 의심이 내 마음에 있었지만, 나는 그렇게 생각하기를 거부했습니다. 나는 영적 영역으로 돌아와 내 심령으로 나를 주장하게 했습니다. 나는 이렇게 말했습니다. "하나님의 말씀에 의하면 이것은 이미 이루어진 일이다. 하나님의 말씀에 의하면 내가 믿는 것은 이미 그렇게 된 것이다. 나는 여기 누워서 스스로 잘하고 있다고 말하면서 잠이 들거야. 성경은 진리이기 때문이지. 나는 하나님의 말씀을 믿겠어." 그렇습니다. 당신의 심령으로 믿으면 당신의 머리가 의심할지라도 믿음이 역사한다는 것을 나는 알고 있습니다. 왜냐하면 나에게 일어난 일들 중 가장 놀라운 일들이 나의 머리에 의심이 있을 때 일어났기 때문입니다. 나는 머리가 말하는 대로 따라 하지 않았으며, 내 심령으로 의심하기를 거부했습니다.

20세기 초반에 살았던 훌륭한 목사였으며, 또 '치유자 그리스도'라는 책을 썼던 에프 에프 보즈워스(F.F Bosworth)는 이렇게 말했습니다. "만일 여러분이 무언가를 의심해야 한다면 여러분이 가진 의심을 의심하십시오. 그러나 말씀과 여러분의 믿음은 의심하지 마세요. 여러분의 의심을 의심하고 여러분의 믿음은 믿으십시오."

다음의 말씀은 방언과 방언해석을 통하여 온 것입니다. 이것이 나의 영에 기록되었습니다. '믿음의 생각을 생각하고 믿음의 말을 하는 것은 심령으로 하여금 패배에서 승리로 인도되도록 할 것입니다.' 이것을 기록하고 잊어버리지 마십시오. 하나님의 약속에 관하여 어떤 의심이나 불신이 들어오는 것을 허락하지 않도록 확실히 하십시오. 만일 그것들이 온다면 여러분은 어떻게 하시겠습니까? 성경은 이렇게 말하고 있습니다. "그런즉 너희는 하나님께 순복할지어다 마귀를 대적하라 그리하면 너희를 피하리라"(약 4:7). 여러분이 의심을 대적하는 것은 마귀를 대적하는 것입니다.

만일 두려움이 온다면 두려움에게 물러가라고 말하십시오. 두려움은 우리 모두에게 올 것입니다. 예외가 없습니다. 질병의 두려움, 실패의 두려움, 우리에게 오는 두려움은 끝이 없습니다. 여러분의 몸에 특별한 증상이 있을 수 있습니다. 그러면 마귀는 즉시 이렇게 말할 것입니다. "그것은 암의 초기증상이지." 만일 당신이 그 두려움에 대해 계속 생각을 한다면 마귀는 그 암이 실제로 당신에게 발생하도록 할 것입니다. 욥이 이렇게 말했습니다. "나의 두려워하는 그것이 내게 임하고 나의 무서워하는 그것이 내 몸에 미쳤구나"(욥 3:25).

당신의 인생에서 가장 큰 싸움은 두려움과의 싸움입니다. 그러면 우리가 어떻게 해야 할까요? 하나님의 말씀으로 대처하는 것입니다. "마귀를 대적하라 그리하면 너희를 피하리라"(약 4:7). 성경은 하나님께서 우리들에게 "두려움의 영"을 주시지 않았다고 말합니다.

> 딤후 1:7
> 하나님이 우리에게 주신 것은 두려워하는 마음이 아니요 오직 능력과 사랑과 절제하는 마음이니

만일 하나님이 우리에게 두려움의 영을 주시지 않았다면 - 만일 그것이 하나님께로 온 것이 아니라면 어디서 온 것일까요. 두려움은 영이므로 이것이 올 수 있는 또 다른 근원은 한곳밖에 없습니다. 그러므로 여러분이 두려움을 대적하는 것은 바로 마귀를 대적하는 것이 됩니다. 사람들은 내게 이런 말을 하곤 합니다. (이 사람들의 심령을 축복합니다. 그들은 그들이 하는 말이 무엇인지 모릅니다. 그렇지 않다면 그들이 그런 말을 하지 않을 것입니다.) "해긴 목사님, 내가 대적을 했는데도 두려움이 떠나지 않아요." 나는 이렇게 대답합니다. "그렇다면 하나님이 거짓말을 한

셈이네요. 그렇지요? 하나님께서 '만일 너희들이 마귀를 대적하면 그가 너희를 피하리라' 고 하셨는데, 당신이 두려움을 대적하였는데도 그것이 도망가지 않았다면 하나님의 말씀이 거짓이라는 결론이 되지요."

"아니요, 하나님의 말씀이 거짓이라는 말은 아니고요…"

"형제님은 지금 방금 하나님이 거짓말을 하셨다고 말한 것입니다. 형제님이 마귀를 대적하였는데 마귀가 떠나지 않았다면 성경이 거짓이라는 말입니다. 그리고 만일 성경이 거짓이라면 하나님께서 거짓말을 하셨다는 것이지요. 왜냐하면 성경은 하나님의 말씀이기 때문입니다. 형제님과 형제님의 말이 하나인 것처럼 하나님과 하나님의 말씀은 하나입니다. 만일 형제님의 말이 거짓이라면 형제님은 거짓말쟁이인 것입니다. 한번 솔직히 생각해보십시오. 형제님은 마귀를 대적한 것이 아닙니다. 마귀를 대적할 때 매우 형식적으로 대적하지 않았는지요? 형제님은 마귀를 대적하였지만 그렇게 하면서도 실제로 역사하리라고 기대하지 않았지요. 어느 여자성도님이 마가복음 11장 23절에 기록한대로 산이 옮겨지도록 기도했는데 그 여자성도님은 이렇게 말했습니다. '산이 옮겨지도록 명했지만, 제가 처음부터 예상했던 대로 산은 아직 거기 있더라고요.' 형제님도 이 여자성도님처럼 한 것입니다."

명한대로 되리라고 기대하십시오! 의심을 대적하면 여러분을 피할 것입니다! 여러분의 손을 들고 이것을 큰 소리로 말하십시오.

믿음은 항상 좋은 보고를 합니다.
나는 믿음으로 행하고,
보는 것으로 행하지 않습니다.
나는 믿음의 사람입니다.
나는 의심하는 것을 거부합니다.
나는 두려워하는 것을 거부합니다.
나는 믿음으로 충만한 하나님의 자녀이므로
믿음이 충만합니다.
내 믿음은 역사합니다.
나는 항상 좋은 보고를 합니다.
나는 악한 보고를 거절합니다.
나는 하나님의 편에 있습니다.
나는 하나님께 속했습니다.
나는 하나님을 섬깁니다.
나는 하나님의 자녀입니다.
나는 하나님을 믿습니다.
나는 하나님이 그의 말씀에서
내게 말한 대로 될 것을 믿습니다.
하나님의 말씀은 실패할 수 없습니다.
나는 실패할 수 없습니다.
나는 말씀 위에 서있습니다.
나는 약속 위에 서있습니다.
할렐루야!

제 5 과

하나님께 구한 것을
얻기를 진정으로 원하십시오

다섯 번째 단계 : 하나님께 구한 것을 얻기를 진정으로 원하십시오.

마가복음 11장 24절에서 예수님은 이렇게 말씀하십니다. "그러므로 내가 너희에게 말하노니 무엇이든지 기도하고 구하는 (desire) 것은 받은 줄로 믿으라. 그리하면 너희에게 그대로 되리라." 성경에는 강조되어야 할 많은 중요한 것들이 있지만, 이번 다섯 번째 단계에서 특히 강조하고 싶은 것은 "구하는 (desire)"이란 단어입니다.

이것은 아주 중요한 말입니다. 우리들은 원하는 것들에 대하여 아주 진지한 태도를 가져야 합니다. 많은 경우에 사람들은 자기 자신도 기도하고 또 남에게 기도요청도 하지만, 막상 응답을 받지 못하면 "내가 그것들을 정말 원하는지 그렇지 않은지를 잘 모르겠습니다."라고 말합니다. 그런 태도로 구하면 응답을 받을 수 없습니다.

다른 이를 위한 기도가 응답되려면
그 사람도 원해야 합니다 (Another Side)

　기도와 그 응답에 대해 우리가 잘못 생각하고 있는 것을 좀 자세히 언급하려고 합니다. 우리는 우리가 원하는 것을 다른 사람에게 강요할 수는 없습니다. 마가복음 11장 24절을 이렇게 읽으면 더 잘 이해할 수 있습니다. "무엇이든 **너희가** 원하는 것을 위해, **너희가** 기도할 때, **너희가** 그것을 받은 줄로 믿으면, **너희가** 그것들을 받으리라."

　예수님께서는 "너희 이웃들을 위해 너희가 무엇을 구하든지"라고 말씀하시지 않았습니다. 우리가 이웃을 위해 기도하더라도, 만일 우리 이웃이 그것을 원하지 않는다면, 기도응답을 받을 수 없습니다. 만일 우리가 그렇게 할 수 있다면, 이웃의 의사에 상관없이 우리의 기도만으로 억지로 그들을 구원 받도록 할 수 있었을 것입니다. 하나님께서는 그렇게 역사하지 않습니다. 만일 하나님이 그렇게 하신다면, 하나님은 오늘날 즉시 모든 사람을 구원받도록 할 수 있습니다. 그리고 우리는 바로 내일 천년 왕국에 들어갈 수 있게 되는 것입니다. 하나님께서는 사람을 만드시고 그에게 "선택할 수 있는 기회"를 주셨습니다. 사람은 "선택할 수 있는 기회"와 "자유의지(a will of his own)"를 가지고 있습니다. 사람은 스스로의 선택에 따라 행동할 권리가 있는 반면에, 자신이 선택한 행동에 따르는 책임도 져야 하는 존재(a free moral agent)입니다. 우리가 그리스도인이 되더라도 이 권리와 의무를 잃어버리지 않습니다. 우리의 기도에 다른 사람이 관계되는 경우에는 - 그 사람도 우리가 구하는 것을 "원하는 경우에만" 기도가 역사할 수 있는 것입니다. 우리의 기도에 다른 사람의 의지와 다른 사람의 원함이 필요한 경우에는 그들에게 우리의 구하는 것에 동의하도록 하십시오. 그들의 동의를 얻지 못하면 기도는 역사하지 않습니다.

합심해야 합니다 (Agreement)

성경은 "두 사람이 의합지 못하고야 어찌 동행하겠으며"(암 3:3)라고 말하고 있습니다. 두 사람의 뜻이 맞지 않으면 동행할 수 없을 것입니다. 예수님은 이렇게 말씀하셨습니다. "진실로 다시 너희에게 이르노니 너희 중에 두 사람이 땅에서 합심하여 무엇이든지 구하면 하늘에 계신 내 아버지께서 저희를 위하여 이루게 하시리라"(마 18:19). 이 말씀을 역으로 생각해보면 이렇게 말씀하신 것도 됩니다. "만일 너희 둘이 합심하지 않으면 이루어지는 것이 없을 것이다." 정말로 단순 명쾌한 말씀입니다. 지난 오랜 세월동안 많은 사람들이 나에게 그들의 재정적인 문제, 육신적인 필요 등에 대해 그들과 뜻을 같이해서 기도해 달라고 하였습니다. 그러면 나는 대개 그들과 손을 잡고 이렇게 말합니다. "내가 기도할 때 잘 들으세요. 만일 우리가 동시에 서로 기도를 하면 당신은 이 방향으로 가고, 나는 다른 방향으로 갈 수도 있는데 그러면 우리들은 합심해서 기도한 것이 아닙니다. 그러니 성도님은 내가 기도하는 동안 제 기도를 듣고 저와 마음을 같이 하세요."

그리고 나는 자주 이렇게 말합니다. "우리는 지금 우리의 영이 합하여 합심한 것의 상징으로 손을 잡았습니다." 내가 기도하고, 같이 기도하는 성도님은 내 기도에 마음을 합합니다. 나는 주님께 마태복음 18장 19절을 상기시켜 드립니다. 그리고 나는 기도가 이루어진 것으로 생각합니다. – 믿음이 역사할 것이니까요. 그런 후에 눈을 뜨고 그들에게 묻습니다. "자, 이제 잘 되었지요?" 내가 이렇게 말하면 많은 경우에 사람들은 "해긴 목사님, 나는 정말 그렇기를 바랍니다."라고 말합니다. 그러면 저는 즉시 그 사람들에게 이렇게 말합니다. "일이 잘 되지 않을 것 같습니다. 나는 믿었는데, 성도님은 그저 바라기만 하셨으니 이것은 합심해서 기도한 것이 아니지요."

두 사람이 합심해야만 기도응답을 받게 됩니다. "합심해서 기도했는데도 응답받지 못했어요."라는 말은 옳지 않습니다. 이 말은 예수 그리스도께서 거짓말쟁이라는 이야기입니다. – 예수님은 거짓말하지 않으셨습니다. 기도응답이 되지 않은 이유는 예수 그리스도께서 하신 말씀이 거짓이어서가 아니라, 합심하지 않았기 때문이라는 것을 인정해야 합니다. 우리가 다른 사람에게 이루어지길 원하기만 하면 그것이 그 사람에게 이루어질 것이라고는 생각하지 마십시오. 각 사람에게는 제 나름대로의 의지와 소원이 있습니다.

우리가 사람들이 잘되기를 원하고 그들을 도우려고 할 때, 도와줄 방법이 하나 있습니다. 그것은 그들에게 하나님의 말씀을 전해주는 것입니다. 그들에게 하나님의 말씀을 깨우쳐 줄 수 있습니다. 우리는 유아기의 그리스도인을 우리의 믿음위에 업고 갈 수는 있습니다. 우리 아이들이 어릴 때 부모의 믿음으로 자녀들을 업고 갈 수 있습니다. 이것은 우리들 부모의 책임입니다. 그렇지만 자녀들이 자라면 더 이상 업고 갈 수만은 없습니다. 자녀들도 자라면 그들 스스로가 자신들의 믿음위에 서야 하는 것입니다. 이것은 남편과 아내 사이에도 마찬가지입니다. 부부 중 한 사람이 유아기의 그리스도인이라면 성장한 배우자가 다른 배우자를 업고 갈 수 있습니다. 그렇지만 하나님께서는 곧 자라서 스스로의 기도를 하고 스스로의 믿음위에 서는 것을 기대하시는 것입니다.

나의 아내와 나는 1939년 11월에 결혼을 했습니다. 한 달 후쯤 차가운 북풍이 몰아쳤고 아내는 목감기에 걸렸습니다. 아내는 나에게 이렇게 말했습니다. "매년 차가운 북풍이 불기시작하면 나는 언제나 목감기에 걸려서 한 겨울 내내 목감기로 고생을 한답니다. 의사한테 가서 약물 치료를 받아야겠네요." (그 당시엔 항생제가 없었으므로 목안으로 약을 바르는 것이 치료법이었습니다.) 아내는 물론 그리스도인이었지만, 성령으로 충만함을 받은 지 얼마 되지 않은 어린 그리스도인 이었으므로 믿음과 치유에 대해서는 배운 적이 없었습니다. 이런 일에 있어서 아내가 영적으로 아직 유아인 것을 알았으므로 나는 아내를 업고 갈 수 있었습니다. 아내가 아직 영적으로 미성숙된 상태였으므로 내 믿음으로 아내에게 역사하게 할 수 있었던 것입니다. 나는 이렇게 말했습니다. "아니에요, 우리는 의사를 만나러 갈 필요가 없어요. 당신의 목에 약물치료를 할 필요도 없고요. 매년 당신을 괴롭히던 목감기는 이제 당신을 떠날 것이고 다시는 돌아오지 않을 겁니다." 나는 기도하지 않았습니다. 그냥 그렇게 말했습니다. 마가복음 11장 23절에 근거하여 그 말을 한 것입니다. "내가 진실로 너희에게 이르노니 누구든지 이 산더러 들리어 바다에 던지우라 하며 그 말하는 것이 이룰 줄 믿고 마음에 의심치 아니하면 그대로 되리라." 아내의 목 아픈 것은 없어졌고 다시 돌아오지 않았습니다.

그러나 십년 후에 나의 아내의 건강에 문제가 생겼고, 의사들은 수술을 해야 한다고 말했습니다. 나는 그때까지 항상 아내를 내 믿음위에 업고갈 수 있을 것이라고 생각을 했습니다. 그렇지만 이번엔 내 믿음으로 그녀를 낫게 할 수 없었습니다. 마가복음 11장 23절에 근거해서 여러 차례 명령을 했지만 그녀는 여전히 육신적인 증상을 가지고 있었던 것입니다. 아내는 여전히 수술이 필요했습니다. 이번엔 왜 내가 선언한 말이 이루어지지 않았을까요? 내가 믿는 자가 아니었기 때문이었을까요? 내 믿음이 역사하지 않기 때문이었을까요? 그런 것이 아니라 그 때는 아내가 10년 동안 영적으로 자랐기 때문입니다. 아내는 10년 동안이나 하나님의 말씀으로 가르침을 받았습니다. 하나님께서는 아내가 성장하는 것을 기대한 것입니다. 아내는 나중에 이렇게 말했습니다. "나는 나의 믿음을 발전시키려는 노력을 전혀 하지 않았어요. 나는 항상 '남편 케네스가 믿음이 있으니까 그가 하겠지' 라고 생각을 했지요." 나는 기도를 계속했습니다. 아내로 하여금 믿음으로 수술을 안 할 수 있게 되도록 계속 기도했습니다. 아내를 치유 받을 수 있는 믿음의 단계로 올라오도록 시도했던 것입니다. 그렇지만 그렇게 할 수 없었습니다. 아내는 매우 고통스러워했습니다. 결국 나는 이렇게 말했습니다. "좋아요. 내가 무엇을 할지 당신에게 말하리다. 당신을 내 믿음의 수준으로 끌어올릴 수 없군요. 내가 당신의 수준으로 내려가서 그것을 믿도록 합시다. 당신이 믿을 수 있는 것은 무엇이지요?"

아내는 이렇게 말했습니다. "나는 하나님이 내가 수술을 무사히 잘 마치도록 해 주시는 것을 믿을 수 있겠어요."

나는 이렇게 말했습니다. "좋아요, 내가 당신과 동의를 하겠어요."

우리는 우리가 동의할 수 있는 것을 찾았던 것입니다. 우리는 아내의 수술이 무사히 잘 되도록 합심해서 기도했습니다. 사실 나는 기도하면서 의사들이 놀랄 정도로 아내의 수술이 잘 되도록 해달라고 기도했었습니다. 며칠 후 아침 일찍 아내는 수술을 받았습니다. 그날 저녁 8시쯤 의사가 와서 이렇게 말했습니다. "차트를 보았는데, 당신은 진통제를 한 알도 먹지 않았네요." "예 그렇습니다." 아내가 말했습니다.

의사는 "아프지 않으세요? 고통스럽지 않으세요?" 하고 물었습니다.

아내는 "아니요, 아프지 않아요."라고 대답했습니다.

의사는 수술 직후에 좀 길게 절개를 했다고 내게 말했습니다. 끔찍하게 들릴지는 모르지만 사실 의사가 말한 대로였습니다.

의사는 "놀랍군요. 배 부분을 넓게 수술하고 침대에 누워있으니 몹시 아플 텐데요."

"아니요, 아프지 않아요." 아내가 말했습니다.

"진통제 주사를 한대 맞도록 처방하겠습니다." 의사가 말했습니다. 그것이 그들이 준 유일한 주사였습니다. 의사는 나에게 나중에 이렇게 말했습니다. "나는 이런 것을 본 적이 없어요. 자연 치료도 빠르게 진행되긴 하지만, 당신의 아내는 너무 빨리 되었어요. 정말 기적입니다." 그것은 하나님이 주실 수 있는 최선의 기적은 아니었습니다. - 그렇지만 이것도 기적이었습니다.

나의 아내는 그녀 스스로도 믿음을 사용하기 시작했습니다. 아주 강한 믿음이 될 때까지 아내의 믿음은 성장하였습니다. 많은 사람들이 그들의 전 생애를 통해 다른 사람의 믿음에 업혀 다니기를 기대합니다. 그렇지만 그렇게 할 수는 없습니다. 어떤 사람은 '나는 목사님의 믿음에 의지해서 살 수 있을 거야.' 라고 생각합니다. 그렇지만 그렇게 할 수 없습니다. 목사님께 의지해 살다가 시험 삼아 스스로 믿음을 사용해보고 응답받지 못하면 그들은 이렇게 말합니다. "그 믿음이라는 것은 역사하지 않더군요. 제가 한번 해보았는데 안 되더라고요." 그들은 그저 시험 삼아 해본 정도에 머물렀기 때문에 응답받지 못한 것입니다. 그것은 마치 캐나다 쪽으로 가는 고속도로를 달려가면서 이렇게 말하는 것과 같습니다. "멕시코로 가려고 했는데 엉뚱한 곳이 나오네. 당신도 멕시코로 갈 수 없을 거예요." 마찬가지로 이런 말도 비상식적인 이야기가 되는 것입니다. "나는 믿음을 한번 시도해 봤는데 역사하지 않더군요." 아니요. 만일 당신이 바른 길로 들어서서 바른 방향으로 달려간다면 믿음은 역사할 것입니다. 합심해서 구하는 것과 관련해서 여러분들이 한 가지를 더 알기 원합니다. 수년 전에 나는 FGB 연례회의에서 강의하기 위해 캔사스시로 자동차를 운전해서 가고 있었습니다. 오클라호마에서 6주에 걸친 집회를 방금 마친 후였으므로 텍사스주 갈란드시에 있는 집에 들렀다가, 오클라호마주 털사시에 들러 잠깐 볼 일을 본 후 캔사스시로 가려고 했습니다. 그때 나는 직감적으로 어떤 차에서 문이 활짝 열리면서 사람이 차에서 떨어지는 것을 알게 되었습니다. 이런 직관이 있을 때면 나는 시간을 내어 기도를 하고 하나님께 귀 기울여 이것이 무엇인지 알아내곤 했습니다. (당신은 기도함으로 직관이 보여주는 나쁜 일을 막을 수 있습니다.) 그렇지만 그 때 우리는 짧은 시간 안에 들러야 할 곳이 너무 많았기 때문에 기도할 시간을 내지 못했습니다. 비가 오고 있었기 때문에 우리들의 일을 미리 보여주시는 것으로 생각했습니다. 나는 나의 생애에서 처음 그리고 유일하게 안전벨트를 했습니다. 나의 아내가 "갑자기 왜 안전벨트를 하시는 거예요?"라고 물었습니다.

"나도 잘 모르겠어요. 내 눈에 계속하여 어떤 사람이 차에서 떨어지는 것이 보입니다. 주님이 우리들에게 무슨 말씀을 하시려는 것인지 아닌지 잘 모르겠어요."라고 내가 말했습니다. 캔사스시에 도착해서 강의를 시작하기 전에 연회를 하는 동안 어떤 사람이 말했습니다. "당신에게 긴급 장거리 전화가 왔습니다." 아들인 켄 해긴 주니어의 전화였는데 당시 25살 밖에 되지 않은 조카딸 중 하나가 차 사고를 일으켰다는 전화였습니다. 나는 그녀의 사고를 보았던 것입니다. 눈에 그것이 보였을 때 시간을 내어 기도하지 못한 것을 후회했습니다. 그것을 막을 수 있었다고 생각합니다. 다음 날 우리는 달라스에 있는 병원으로 갔습니다. 의사 선생님은 그 아이에게 아무런 소망도 없다고 했습니다. 그 아이는 아직 의식이 있어서 우리를 알아보았습니다. 우리는 그 아이와 함께 기도했고, 아이의 상태가 좋아지는 모습이 보였습니다. 의사 선생님도 매우 기뻐하며 말했습니다. "이 환자는 현상태가 유지되기만 해도 기적인데, 점점 더 상태가 좋아지고 있네요. 매시간 나아지고 있어요." 우리는 그 아이를 매일 방문했습니다. 그 아이는 중환자실에 있었지만, 우리가 올 때마다 그녀가 좋아졌으므로 의료진은 우리들이 항상 들어갈 수 있게 했습니다. 그들은 우리들에게 그녀에게 가서 안수기도하고 환자에게 용기를 북돋워달라고 했습니다. 날마다 그 아이는 좋아졌습니다. 그 아이는 잘 회복하고 있었습니다. 그런데 어느 날 아침 4시 경에 나는 갑자기 침대에서 벌떡 일어나 앉았습니다. 어떤 사람이 나를 만진 것 같았습니다. 나는 그것이 주님으로부터 온 것을 알았습니다. 나는 "주님, 이것이 무엇입니까?"라고 물었습니다. 나는 나의 영을 살피기 시작했습니다. 그리고 나는 말했습니다. "앤이 내 기도가 역사할 수 없도록 포기했군." 앤이 내 뜻과 일치하도록 해야만 그 아이를 도와줄 수 있었습니다. 그렇지만 나는 직관적으로 앤의 영이 나를 떠난 것을 알았습니다. 그래서 내가 이렇게 말했습니다. "사랑하는 주님, 제가 어떻게 기도해야 할지 도와주세요." 나는 방언으로 조금 기도하고 그냥 잠을 잤습니다. 다음 날 아침 일어나기 전에 전화가 울렸습니다. 다른 조카딸이 이렇게 말했습니다. "켄 삼촌, 빨리 오세요. 의사들이 삼촌을 오라고 해요. 앤이 포기하는 것 같아요. 앤이 죽기를 원해요."

의사들은 "이 여자환자분은 원하기만 하면 살 수 있습니다. 하지만 스스로 죽기 원한다면 죽게 될 것입니다."라고 말하면서 우리가 가서 도와주기를 원했습니다. 우리는 병원으로 급히 갔습니다. 앤은 우리들에게 말도 하지 않았습니다. 나는 한두 가지 일어난 일 밖에는 알지 못합니다. 그렇지만 앤이 다른 사람들에게 한 말을 통해 짐작해보면 앤은 영으로 기도하면서 영광의 나라에 가까이 갔고 영광의 나라를 바라보며 이렇게 말했던 것입니다. '나는 이 땅보다는 저 곳에 가기를 원해.' 잠시 동안이나마 본향을 본 앤은 그곳에 가기를 원했고, 결국 그곳으로 갔습니다.

사람들이 그곳으로 가기를 원하면, 우리가 그들이 이곳에 남아 있기를 원해도 그들을 잡아둘 수 없습니다. 우리는 **"구하는(desires)"**의 개념과 **"합심(agreement)"**이라는 개념에 대해 분명히 해둘 필요가 있습니다. 어떤 때는 죽는 것은 세상에서 가장 쉬운 일이고 사는 것은 가장 어려운 일일 수 있습니다. 이것은 비성경적인 생각이 아닙니다. 나도 두 번이나 죽음을 체험했기 때문에 이것을 압니다. 어떤 사람들은 투병 중에 한참을 버티다가 지쳐서 여기 그냥 있기보다는 저쪽으로 가기를 원하게 됩니다. 이런 일에 우리의 믿음이나 기도가 응답되었느냐 안되었느냐를 적용할 수는 없는 것입니다. – 이런 일은 그들의 원하는(desires)것과 그들의 뜻(will)의 문제입니다. 그러므로 이런 일에는 우리가 원하는 것이나 우리의 의지를 그들에게 억지로 강요할 수 없는 것입니다.

청년사역을 담당하던 한 젊은 목사를 알고 지냈는데, 그는 시간제로 일하는 곳에서 사고로 다쳤습니다. 그는 매형과 함께 그곳에서 일을 하고 있었는데 그 일터에는 곳곳에 불꽃이 있었기 때문에 그 회사의 주인으로부터 휘발유를 불꽃 가까이에 두지 말라는 주의를 여러 번 들었지만, 그들은 이를 무시하고 일을 계속했습니다. 사고가 날 때 이들은 5갤런의 휘발유를 가지고 뚜껑을 닫지도 않은 채 작업을 하다가 몇방울의 휘발유가 불꽃에 튀면서, 불꽃이 휘발유통 안으로 번져 폭발이 일어났던 것입니다. 불길에 휩싸이자 그는 당황해서 뛰기 시작했습니다. 그의 매형은 그를 바닥에 굴려서 몸에 붙은 불을 끄고 급히 병원으로 옮겼습니다. 그러나 그 병원의 의사들은 그를 치료하려고 하지 않았습니다. 한 의사가 이렇게 말했습니다. "너무 늦어 그 사람을 어떻게 해볼 수가 없군요. 45분만 지나면 그는 죽게 될 것 같습니다." 그 젊은 목사는 응급실에서 의식이 좀 돌아와서 그 의사들이 말하는 것을 들었습니다. 들것위에 누워있던 그는 있는 힘을 다해 늘어졌던 손을 들어 한 의사의 바지를 잡아 당겨서 무슨 말을 하고 싶다는 신호를 보냈습니다. 의사가 자세를 낮추어 이 젊은 목사의 입에 귀를 가져다 대었습니다. 그는 이렇게 말했습니다. "나는 살 것이고 죽지 않을 것입니다. 하나님이 도와주실 것입니다." 침례교인이었던 이 의사가 그의 말을 듣고 말했습니다. "젊은이가 이런 믿음이 있으니 내가 한번 치료해보겠습니다." 그는 잘 버텼습니다. 그리고 그는 침례교인이었던 그 의사를 성령 충만하며 방언을 말하는 신자로 변하게 했습니다. 그 젊은 목사는 정신적인 충격으로 그의 몸이 경련을 일으키자 즉시 이렇게 말했습니다. "기도를 해야 겠네요." 그리고는 방언으로 기도하기 시작했습니다. 그의 상황을 체크하기 위한 모니터를 항상 켜 놓았기 때문에 그의 모습은 병원에 두루 알려지기 시작했습니다. 어떤 때는 한 시간이상 방언으로 기도를 하거나 찬양을 하곤 했습니다. 그의 몸은 정상으로 돌아왔습니다. 그 침례교인 의사는 "이제 감을 잡을 수 있겠습니다. 이 젊은이는 영의 지배를 받고 있는 것입니다. - 그의 영이 그의 몸을 다스리고 있는 것입니다."라고 말했습니다.

그는 수 주 동안을 잘 버텼습니다. 그러나 어느 날 갑자기 그가 삶을 포기했습니다. 그 이유는 모르겠지만, 아마도 그가 너무 지쳐버린 모양입니다. 젊은이가 삶을 포기하려하자 그 의사가 젊은이에게 이렇게 말했습니다. "이보게, 사람들이 자네를 병원으로 처음 데리고 왔을 때 자네는 살 가망이 없었지. 우리 의사들은 모두 당신이 곧 죽을 것이라고 생각했다네. 하지만, 이제는 의학적으로 자네의 몸은 살 수 있는 상태일세. 죽을 필요가 없단 말일세. 자네는 위기를 넘긴 거야. 살아야 하네. 자네는 나를 참된 믿음을 가진 신자가 되게 해주었네. 죽어서 우리를 떠나지 말게."

그렇지만 그는 죽었습니다. - 왜냐하면 그것이 그가 원하는 것이었기 때문입니다. 그는 그의 아내에게 이렇게 말했습니다. "나는 방언으로 찬양을 하면서 환상을 보았소. 마치 천정이 다 열린 것 같았소." 천국에서 예루살렘을 보자, 그는 그곳으로 가기를 원했고, 결국 그는 그곳으로 갔습니다.

우리가 원한다고 해서 다른 사람도 그것을 원하도록 할 수는 없습니다. 우리가 원하는 것을 다른 사람에게 강요할 수는 없습니다. 하지만, 만일 그들로 하여금 우리와 합심하게 할 수 있다면 놀라운 일들이 일어날 것입니다. 우리가 원하는 일에 다른 사람의 의지(will)와 원하는(desires) 것이 관계되어 있는 경우가 있습니다. 그럴 때는 우리가 원하는 것이 일어날 수 있도록 그들이 우리와 합심하도록 하는 일에 힘써야 할 것입니다.

우리에겐 선택권이 있습니다 (Choice)

　만일 우리가 원하는 것을 남들에게 강요할 수 있다면, 하나님께서도 자신이 원하시는 것을 우리에게 강요하실 것입니다. 그러나 하나님께서는 우리에게 단지 말씀을 주셨을 뿐입니다. 하나님께서는 우리에게 말씀에 순종하거나 불순종할 수 있는 선택권을 주신 것입니다. 어떤 극단적인 가르침은 이렇게 말합니다. "하나님은 능력이 충만하시고 하나님은 원하시는 것은 무엇이든지 하실 수 있습니다. 만일 하나님이 원하시면 모든 일에 사람들을 깨닫게 하실 것입니다."

　북 텍사스 지방에서 가르치는 중에 나는 이런 말을 했었습니다. "어떤 분들은 하나님께서는 자신이 원하시는 것은 어떤 일이라도, 원하시는 때에, 어디서라도, 그리고 어떤 상황 아래서라도 하실 수 있다고 생각합니다." 앞에서 두 번째 줄에 앉아 있던 한 사람이 "하나님을 찬양합니다. 저도 그렇게 생각합니다."라고 큰 목소리로 소리쳤습니다. 그 성도는 그날 저녁에 우연히 집회에 참석한 분이었기 때문에, 나와 그 교회 목사님은 그를 본 적이 없었습니다. 그가 크게 소리를 질렀을 때 나는 별 생각 없이 - 그때 하나님의 성령께서 나에게 영감을 주신 것으로 생각합니다. - 이렇게 말했습니다. "만일 하나님이 그렇게 하실 수 있는 분이라면, 왜 그 하나님께서 당신이 십일조를 내도록 하실 수 없습니까?" 그러자 그는 몸을 웅크려 나무 의자 뒤로 숨어 내 시선을 피했습니다. 하나님께서는 우리들에게 말씀을 주셨습니다. 하나님께서 우리들에게 십일조를 드려야함을 말씀하십니다. 하나님께서는 우리들에게 헌금을 드려야 한다고 말씀하십니다. 하나님께서는 이런 것을 행함으로 받게 될 축복과 유익에 대하여 가르쳐 주십니다. 하나님께서 우리들이 스스로의 의지로 선택하도록 하시는 것입니다.

어떤 사람이 나에게 와서 교회에서 방금 "새로운 계시"를 배웠다며 흥분을 하며 말했습니다. 그가 배웠다는 것의 요지는 이것이었습니다. '하나님은 전능하십니다. 하나님은 원하시는 모든 것을 할 수 있습니다. 단 한 사람이라도 멸망하는 것은 하나님의 뜻이 아닙니다. 그러므로 아무도 멸망하지 않을 것입니다. 모든 사람이 구원을 받게 것입니다.' 정말 그럴까요? 아닙니다! 예수님이 이렇게 말씀하셨습니다. "또 가라사대 너희는 온 천하에 다니며 만민에게 복음을 전파하라 믿고 세례를 받는 사람은 구원을 얻을 것이요 믿지 않는 사람은 정죄를 받으리라"(막 16:15,16). 하나님께서는 사람을 창조하시고 그에게 선택권(choice)을 주셨습니다. 사람들이 스스로 무엇을 할 수 있는 자유의지(will of his own)를 주신 것입니다. 하나님께서 놀라운 구원의 계획을 세우셨습니다. 예수님께서 그 계획을 완성하셨습니다. 그렇지만 사람이 구원을 받으려면 하나님이 준비하신 것을 받아들이는 선택을 해야 하는 것입니다.

너무 많은 사람들이 극단으로 갑니다. 어떤 사람이 그의 삼촌이 죽자, 나에게 물었습니다. "해긴 목사님, 우리는 모두 기도했습니다. 우리는 하나님을 모두 믿었습니다. 우리는 그를 위하여 그의 치유를 주장했습니다. 그렇지만 삼촌은 돌아가셨습니다."

"당신의 삼촌은 뭐라고 말했습니까?" 내가 그들에게 물었습니다.

"삼촌은 항상 자신이 죽을 것이라고 하셨지요."

나는 "그 분은 자신이 평소에 말한 대로 된 것이지요."라고 말했습니다.

예수님께서 아주 분명하게 말씀하신 것은 이것입니다. "...**너희들이 말하는 것을 너희가** 얻게 될 것이다"(막 11:23). "무엇이든지 **너희들이** 말하는 대로 **그에게** 이루어질 것이다"라고 말씀하시지 않았습니다. 분명히 하나님께서는 믿음의 기도에 응답하십니다. 그렇지만 다른 한편으로는 믿음의 기도의 대상인 그 사람에게도 자신의 의지가 있는 것이며, 선택권이 있는 것입니다. 우리 마음대로 다른 사람의 의지를 주장할 수는 없습니다. 어떤 병든 사람이 자신은 죽을 것이라고 믿고 있다면, 우리가 그 사람이 살 것을 믿는다고 해도 그 사람을 치유 받도록 할 수는 없는 것입니다. 우리와 그 사람 사이에 "합심"이 없는 것입니다. 우리가 먼저 할 일은 그들로 하여금 죽지 않고, 살게 될 것을 믿는다는 말을 하도록 하게 하는 것입니다.

나는 한 놀라운 예를 기억하고 있습니다. 내가 어느 교회에 말씀을 가르치러 간 첫 주에 병원에서 위암으로 고생하고 있는 사랑스러운 82세의 여인으로부터 방문해달라는 요청을 받았습니다. 의사들은 그 여자성도님이 앞으로 열흘정도 더 살 수 있을 것이라고 말했습니다. 그 여자를 방문했던 첫 날에는 그 여자를 위해 기도하지 않았습니다. 사실 내가 기도한 것은 한참 후의 일이었습니다. 그 여자성도님은 내 기도를 받아들일 준비가 되어 있지 않았습니다. 나는 그녀에게 치유에 대하여 말하기 시작했습니다. 나는 하나님의 치유하심을 기록한 성경 구절을 읽어 주었습니다. 그녀는 이렇게 말했습니다. "해긴 목사님, 나는 82세입니다. 나는 제법 내 인생을 잘 살았습니다. 구원도 받았고, 성령충만도 받았습니다. 이제 하늘나라로 가게 두세요. 나는 많은 고통을 받았습니다. 나를 그냥 놓아두셔서 죽게 해주세요."

내가 이렇게 말했습니다. "나는 그렇게 할 수 없습니다. 할머니, 하나님이 할머니를 치유하도록 하세요. 그리고 건강해진 다음에 원하시면 그 때 돌아가시면 됩니다. 그렇지만 이렇게 병든 채로 돌아가시지는 마세요. 하나님께서 이런 일로는 아무런 영광을 받으실 수 없습니다."

그 여자성도님이 치유를 받도록 하기 위해서는 먼저 그녀 스스로 죽는 것으로부터 벗어나는 말을 하도록 해야 했던 것입니다. 하나님께 그녀를 치유해 달라고 기도하는 것은 아무 소용이 없는 것입니다. - 사실 하나님께서는 이미 그녀를 치유하신 것이지요. 그래서 나는 그냥 그녀의 침대 옆에 무릎을 꿇고 이렇게 기도했습니다. "사랑하는 하나님, 이 할머니가 이미 하나님께서 치유하셨음을 믿는 확신을 버리지 않도록 도와주십시오."

그리고 계속해서 매주 두세 번씩 그 여자성도님을 방문했습니다. 방문할 때마다 그 여자성도님께 성경 구절을 가르쳐드렸을 뿐입니다. 계속하여 그녀에게 죽음을 거부하라고 가르쳤습니다. 마침내 그 여자성도님은 죽음을 거부하는 말을 했고, 순간적으로 치유를 받았습니다. 그녀는 열여섯 살처럼 뛰며 춤을 추었습니다. 암이 사라진 것입니다. 원하는 것은 무엇이나 먹을 수 있게 되었고, 아흔네 살까지 아무런 병이나 질병이 없이 잘 살다가 예수님과 함께 있기 위해 천국 집으로 돌아가셨습니다.

이 단계의 소결론 (Short Summation)

　우리 각자는 이것을 기억해야 합니다. 하나님께 구한 것의 유익을 진정으로 원해야 합니다. 그리고 하나님의 말씀은 역사한다는 것을 알아야 합니다. "내가 너희에게 말하노니 무엇이든지 기도하고 구하는 것은 받은 줄로 믿으라 그리하면 너희에게 그대로 되리라."
　우리의 기도하는 것이 다른 사람의 의지나 원하는 것과 관계있는 것이라면, 먼저 그 사람들이 우리가 기도하는 것에 동의하도록 해야 합니다.

제 6 과
믿음으로 구하고
조금도 의심하지 마십시오

여섯 번째 단계 : 하나님께 믿음으로 구하고 흔들리지 말며 당신이 구한 것은 당신 것이라는 것을 믿으십시오.

 지금까지 밟아온 단계를 먼저 밟고 이 단계를 시작해야 합니다. 순서를 바꾸지 마십시오. 만일 강단에 올라가는 데 열 계단이 있다고 생각해 봅시다. 우리가 단번에 아래에서 위로 올라가려고 하면 힘이 들겠지만, 한 계단씩 올라간다면 훨씬 쉬울 것입니다.
 여러분은 첫 단계부터 다섯 번째 단계까지 잘 올라오셨습니다. 이제 우리는 여섯 번째 단계를 밟을 차례가 되었습니다. **하나님께 믿음으로 구하고 흔들리지 않으며 당신이 구한 것은 당신 것이라는 것을 믿으십시오.** 이제 우리는 하나님으로부터 원하는 것에 대하여 기도하고 그것을 받을 준비가 된 것입니다.

기도는 여러 가지 종류가 있습니다 (Kinds of Prayer)

 중요한 점을 하나 주의해서 살펴보려고 합니다. 대부분의 교회는 기도사역이나 기도생활에서 실패하고 있습니다. 교회는 여러 다른 기도를 모두 하나의 부대자루에 넣고 흔들어 섞어버렸기 때문에 이것이 교회의 기도가 실패하고 있는 이유입니다. 요컨대 우리들은 "기도는 모두 다 같다"라고 말하고 있는 것입니다. 성경이 말하는 기도에는 여러 종류가 있으며, 각각의 기도에 적용되는 법칙도 서로 다르다는 것을 알지 못하고 있는 것입니다. 스포츠를 예로 들어보겠습니다. 스포츠에는 미식축구도 있고, 야구도 있고, 골프도 있으며, 테니스도 있습니다. 이 모든 것이 다 스포츠입니다. 그렇지만 모두 스포츠라고 해서 똑같은 법칙으로 경기가 운영되는 것은 아닙니다. '스포츠는 스포츠이지요. 그러니 모든 스포츠는 다 미식축구 시합의 규칙대로 운영되어야 한다'는 생각은 어리석은 것이지요. '기도는 기도입니다. 모든 기도는 같은 법칙으로 기도해야 합니다'라고 말하는 것은 스포츠의 예와 마찬가지로 어리석은 생각입니다. 그러나 우리는 다 어리석게도 그렇게 생각함으로써 실패하고 있습니다. 예를 들어서, 우리가 "헌신과 성별"하는 기도를 할 때 "하나님으로부터 무엇을 구하는 기도"와 같은 법칙을 사용하지는 않습니다. 내가 "헌신과 성별의 기도"를 할 때 나는 하나님으로부터 무엇을 구하려고 기도하는 것이 아닙니다. 나는 하나님께서 내게 무엇을 원하시든지 그것에 대하여 내 자신을 드리려고 기도하는 것입니다. 나는 이렇게 기도합니다. "하나님, 만일 제가 아프리카에 가기를 원하신다면 제가 가겠습니다." 그것은 내가 그 곳에 가기를 원하시는지 그렇지 않은지를 알지 못하기 때문에 그렇게 기도하는 것입니다. 그래서 만일 하나님께서 내가 그곳에 가기 원하신다면, 나는 준비가 되어 있습니다. 그래서 이런 기도에는 "만일"이라는 말을 넣을 수 있습니다. 하지만 내가 "하나님으로부터 무엇을 구하는 기도"를 할 때, 응답받기를 원한다면 "만일"이라는 단어를 거기에 사용할 수 없습니다. 이런 종류의 기도에는 "만일"이란 말은 불신을 나타냅니다. - "만일"이라는 말은 의심한다는 것의 증거입니다. "헌신과 성별의 기도"에서는 "만일"이라는 단어를 사용할 수 있습니다. "만일 주님께서 제가 집에 있기를 원하신다면 집에 머물겠습니다. 만일 주님이 저에게 가서 설교를 하라고 하시면 저는 가서 설교를 하겠습니다. 주님이 원하시는 것은 무엇이든지 제가 하겠습니다. 만일 주님께서 저 사람에게 가서 구원받는 일에 대하여 말하라고 하시면 저는 그것을 할 것입니다."

그리고 또 다른 종류의 기도가 있습니다. 그 기도는 우리가 원하는 것을 구하는 기도나 우리의 변화를 위한 기도가 아닙니다. 그저 하나님을 예배하는 기도입니다. 이것은 "예배하는 기도"입니다. 이 기도에는 또 다른 법칙이 적용되는 것입니다. 이 책에서는 여러 가지 다른 기도들과 그것에 적용되는 법칙들에 대하여 이야기를 하지 않겠습니다. (나는 이 주제에 대하여 책을 썼고 매년 겨울에 있는 연례기도세미나에서 자세하게 가르치고 있습니다.) 다만, 여러 다른 기도에 대해 간단히 살펴본 이유는 여러분이 여섯 번째 단계에 나오는 한 가지 기도에 대해 좀 더 잘 이해할 수 있도록 하려는 것입니다. 이곳에서 말하는 기도는 "하나님께로부터 무엇을 받는 기도" 입니다.

막 11:24
그러므로 내가 너희에게 말하노니 무엇이든지 기도하고 구하는 것은 받은 줄로 믿으라 그리하면 너희에게 그대로 되리라

이 구절에서 예수님은 하나님으로부터 무엇을 받는 기도에 대하여 말씀하고 계십니다. "너희가 원하는 것은 무엇이든지…" 이것을 문맥에서 떼어 놓지 마십시오. 예수님은 믿음과 받는 일에 대하여 말씀합니다. 예수님은 자세하게 기도를 알려주십니다.

여기에 해당하는 법칙은 무엇입니까?

"…너희가 기도할 때…" 여러분이 기도한 후에 입니까? 아닙니다. 일이 다 된 후에요? 아닙니다. 당신이 기도하는 순간에 믿으라는 것입니다.

무엇을 믿습니까?

"저는 하나님을 믿습니다." 그것도 참 훌륭한 믿음이지만 구하는 기도에서 기도응답을 받는데 필요한 믿음은 아닙니다.

"저는 성령세례와 방언으로 말하는 것을 믿습니다." 그것도 좋은 믿음이지만 기도응답을 받는데 필요한 믿음은 아닙니다.

"저는 성경이 진리인 것을 믿습니다." 좋은 믿음입니다. 그러나 역시 기도응답을 받는데 필요한 믿음은 아닙니다.

"저는 예수님이 하나님의 아들인 것을 믿습니다." 옳은 믿음이고 좋습니다만, 기도응답을 받는데 필요한 믿음은 아닙니다.

그러면 우리가 무엇을 믿어야 할까요?

"…받은 것으로 믿으면…" 우리가 그것을 받은 것으로 믿는 것입니다. - 우리가 기도로 구하고 있는 것들을 받은 것으로 믿는 것입니다. 어떤 사람이 이렇게 말할 수 있습니다. "하지만,

나는 아직 그것을 받지 못했습니다." 물론 나도 여러분이 아직 받지 못했음을 알고 있습니다. 만일 여러분이 그것들을 가졌다면 믿을 필요가 전혀 없겠지요. 여러분이 이미 가지고 있는데 무슨 믿음이 필요하겠습니까. "나는 내 육신적인 감각으로 알 수 있기 전까지는 내가 그것을 가졌다고 믿을 수는 없어." 누군가가 이렇게 생각한다면 그 사람은 평생 동안 구하는 것을 갖지 못한 채 살아야 할 것입니다. 왜냐하면 그는 결코 얻지 못할 테니까요. 아주 간단한 법칙이지요.

조금도 의심치 말아야 합니다
(Nothing wavering)

> 약 1:5-7
> 5 너희 중에 누구든지 지혜가 부족하거든 모든 사람에게 후히 주시고 꾸짖지 아니하시는 하나님께 구하라 그리하면 주시리라.
> 6 오직 믿음으로 구하고 조금도 의심하지 말라 의심하는 자는 마치 바람에 밀려 요동하는 바다 물결 같으니
> 7 이런 사람은 무엇이든지(지혜나 또는 어떤 것이든) 주께 얻기를 생각하지 말라

야고보는 그리스도인들을 상대로 구하는 것을 받는 방법에 대해 말하고 있습니다. 그리스도인들 중 몇몇에게 말하기를 "너희가 구하는 것을 얻을 줄로 생각하지 말아라. 받지 못할 것이기 때문이다. 받지 못하는 이유는 하나님께서 주시기를 원치 않기 때문이 아니라 너희가 의심하기 때문이다."라고 말하고 있는 것입니다. 하나님께서 여러분에게 주시기를 원하지 않아서가 아니

고 여러분이 흔들리기 때문에 받지 못하는 것입니다. 의심하는 것은 마치 바람에 부딪혀 부서지고 밀려가는 바닷물결 같다고 말합니다. 여러분의 자리를 지키고 의심하지 마십시오. 믿음으로 하나님께 구하고 의심 없이 여러분이 구한 것은 여러분 것이라고 믿으십시오.

제 7 과
단 한순간도 의심하지 마십시오

일곱 번째 단계 : 여러분이 구한 것은 이미 여러분에게 주어졌다는 생각과 반대되는 생각이 단 한순간도 여러분에게 머물도록 하지 마십시오.

고후10:5
하나님 아는 것을 대적하여 높아진 것을 다 무너뜨리고 모든 생각을 사로잡아 그리스도에게 복종하게 해서

'여러분이 구한 것은 이미 가졌다' 는 생각과 일치되지 않는 생각은 조금도 허용하지 마십시오. 구한 것을 이미 가졌으니 그것을 두 번 다시 구하지 마십시오. 실패의 이미지가 결코 여러분의 마음에 남아있지 않도록 하십시오. 여러분은 이미 기도응답을 받았다는 것을 한 순간이라도 의심하지 마십시오. 혹 의심이 지속된다면 의심을 꾸짖으십시오. 성경은 마귀를 대적하라고 말하며, 만일 여러분이 마귀를 대적하면 저가 도망갈 것이라고 말합니다 (약 4:7). 의심은 마귀입니다. 의심을 대적하고 꾸짖으십시오. 응답받았다는 생각이 떠나지 않도록 하십시오. 여러분이 구한 것을 받았다는 믿음에 도움이 되지 않는 모든 이미지, 암시, 환상, 꿈,

인상, 느낌, 모든 생각을 지워버리십시오. 지워버린다는 것은 뽑는 것 혹은 없애 버리는 것을 의미합니다. 마귀는 암시의 영역에서 활동할 수 있습니다. 어떤 사람들은 자신이 가진 느낌, 환상, 꿈 혹은 인상은 모두 하나님께로부터 온 것이라고 생각합니다. 그렇지만 사단도 그런 영역에서 활동할 수 있습니다. 우리들은 우리의 느낌, 환상, 꿈, 인상이 하나님으로부터 온 것인지 혹은 사단으로부터 온 것인지 분별할 수 있어야 합니다. 여러분의 믿음에 도움이 되지 않는 것은 어떤 것이든 마귀로부터 온 것입니다. 그것들을 없애버리십시오.

목회를 하는 내 친구 목사는 교회를 개척해서 25년간 목회를 잘해 훌륭한 교회를 세웠습니다. 그리고 50세에 그는 몸이 병들어 목회를 그만두려고 하였습니다. 그는 순복음교단의 목사였지만, 자신이 치유 받지 못할 것으로 생각했습니다. 왜냐하면 어느 날 아침 그가 일어났을 때 그의 방에 어떤 사람이 빛나는 옷을 입고 있는 것을 보았던 경험이 있었기 때문입니다. 그는 그 사람이 예수님이라고 생각했습니다. 그 사람은 이렇게 말했습니다. "너를 치유하는 것은 나의 뜻이 아니다."

그 사람은 예수님이 아니었습니다. 마태복음 8장 17절은 이렇게 말합니다. "...우리 연약한 것을 친히 담당하시고 병을 짊어지셨도다." 예수님은 하나님의 말씀입니다. 예수님은 하나님께서 우리들에게 하신 말씀입니다. 만일 당신이 하나님의 일하시는 것을 보기를 원한다면 예수님을 보십시오. 그는 두루 다니시며 착한 일을 행하시고 마귀에게 눌린 모든 자를 고치셨습니다 (행 10:38). 만일 예수님께서 당신에게 환상으로 나타나셔서 당신을 치유하는 것이 예수님의 뜻이 아니라고 말씀하셨다면 예수님은 스스로 거짓말쟁이가 되셨다는 것입니다. 예수님이 우리를 위해 이미 짊어지신 것을, 우리가 받아들이지 않는 것이 그분의 뜻일 수 있습니까? 아닙니다! 나의 목사 친구에게 그 환상을 가져온 것은 마귀였던 것입니다. - 그런데 그는 그것을 받아들였던 것입니다. 하나님께서는 의심과 불신을 퍼뜨리지 않습니다. 우리가 구한 것을 이미 가졌다는 우리의 믿음에 도움이 되지 않는 모든 암시, 환상, 형상, 꿈, 인상과 모든 생각들은 완전히 없애버려야 하는 것입니다. 생각은 관찰, 연상 작용, 가르침에 의해 이루어집니다. 모든 나쁜 생각들이 우리 마음에 들어오지 못하도록 잘 지키십시오. 하나님께서 당신의 기도에 응답하셨다는 당신의 확신이 방해받는 장소에는 가지 말고, 도움 되지 않는 일들도 그만두십시오. 때로는 교회로부터도 멀리 떠나야 하는 경우도 있을 수 있습니다. 불신앙을 너무 많이 심어주는 교회도 있으니까요. 지금까지 우리가 생각하면 안 될 것에 대하여 이야기했습니다. - 그러면 하나님의 말씀으로부터 우리가 생각해야 될 것을 살펴봅시다.

끝으로, 형제들아,
진실한 것은 무엇이든지
정직한 것은 무엇이든지
정당한 것은 무엇이든지
순수한 것은 무엇이든지
사랑스러운 것은 무엇이든지

좋은 보고를 하는 것은 무엇이든지
무슨 덕이 있다면
무슨 칭찬할 것이 있다면
그런 것들을 생각하십시오.

- 빌 4:8

제 8 과
이미 되어진 것으로 여기십시오

여덟 번째 단계 : 당신이 구한 것은 이미 된 것으로 여기십시오

여기에 어른들과 아이를 구별하는 것이 있습니다. 나는 하나님의 말씀을 믿는 믿음에 대해 60년이 넘게 가르쳐 왔습니다. 나는 말씀을 믿는 믿음은 역사한다는 것을 압니다. 그리고 내 삶을 통해 그것이 사실임을 증거해 왔습니다. 그럼에도 불구하고 내가 가르치는 것이 몇몇 사람들에게는 불편함을 일으킨다는 것을 경험했습니다.

나는 가르칠 때 논쟁을 해서 가르치지는 않습니다. 나는 내가 말하는 모든 것을 성경으로 증명합니다. 내가 가르치는 것은 내 생각이 아닙니다. 나는 내가 체험으로 알고 있는 것을 가르칩니다. 그리고 가르침을 받는 사람이 스스로 생각하도록 합니다. 내가 가르치는 것들 중에 주로 반대를 받는 것 중 하나는 "없는 것들을 있는 것 같이 부르는 것"에 대한 것입니다. 반대를 많이 받지만, 나는 성경을 가지고 그것이 바로 우리의 믿음이 역사하는 것임을 증거할 수 있습니다.

우리가 가진 믿음은 하나님의 믿음과 같은 종류의 것입니다 (A type of Our Faith)

아브라함의 믿음은 우리의 믿음과 같은 종류의 믿음입니다. 신약은 아브라함에 대해 이렇게 말합니다. "...믿는 모든 자의 조상이 되어 저희로 의로 여기심을 얻게 하려 하심이라... 우리 조상 아브라함의 무할례 시에 가졌던 믿음의 자취를 좇는 자들에게도 니라"(롬 4:11,12).

갈 3:29
너희가 그리스도의 것이면 곧 아브라함의 자손이요 약속대로 유업을 이을 자니라

당신은 그리스도의 것입니까? 그러면 당신은 아브라함의 씨입니다. - 육신적인 씨가 아니라 영적인 씨, 믿음의 씨입니다.

갈 3:7
그런즉 믿음으로 말미암은 자들은 아브라함의 자손인 줄 알지어다

우리는 아브라함과 같은 종류의 믿음을 가지고 있기 때문에 아브라함의 믿음의 자녀인 것입니다. 아브라함이 가진 믿음은 어떤 종류의 것이었습니까? 아브라함의 믿음은 없는 것을 있는 것같이 부르는 믿음입니다.

롬 4:17
기록된바 내가 너를 많은 민족의 조상으로 세웠다 하심과 같으니 그의 믿은바 하나님은 죽은 자를 살리시며 없는 것을 있는 것으로 부르시는 이시니라

어떤 분은 이렇게 말합니다. "예, 저도 압니다. 그렇지만 그 성경 구절은 없는 것을 있는 것같이 부르시는 하나님에 대한 말씀입니다." 그에 대한 나의 대답은 이것입니다.

첫째, 없는 것을 있는 것같이 부르는 것 자체가 잘못된 것이라면, 그렇게 하셨던 하나님도 잘못을 행하신 것입니다.

둘째, 하나님께서 행하신 일, 즉 없는 것을 있는 것같이 부르신 이유는 무엇일까요. 그렇게 하는 것이 믿음의 행위이며 하나님께서는 믿음의 하나님이시기 때문에 그렇게 하신 것입니다.

셋째, 우리는 믿음의 하나님의 믿음의 자녀입니다. 그러므로 우리는 하나님같이 행동을 해야 합니다. 그래서 하나님께서 행하신 것, 즉 없는 것을 있는 것같이 불러야 하는 것입니다. 마귀의 자녀는 마귀같이 행동을 합니다. 하나님의 자녀는 하나님과 같이 행동을 해야 하는 것입니다(엡 5:1). 하나님께서 행동하는 한 가지 방법은 없는 것을 있는 것같이 부르는 것입니다.

넷째, 어떤 성경번역본(Cambridge Bible)은 "그의 믿은바"라는 단어의 의미를 부연설명하면서, 그 말에는 희랍어로 "그와 같이"라는 뜻이 있다는 것을 보여줍니다. 다른 말로 하면, 아브라함은 하나님이 하신 것과 똑같이 했다는 것입니다. 그는 없는 것을 있는 것같이 부른 것입니다.- 그리고 그것이 그의 믿음이었습니다.

개인적인 경험 (A Personal Experience)

나 자신의 삶을 되돌아 볼 때 나는 분명히 어떤 것들이 역사한 것을 볼 수 있습니다. - 그 당시에는 내가 지금 볼 수 있는 빛을 통해 그 상황을 볼 수 없었지만, 그 때 성령의 인도함을 받고 있었습니다. 성령님은 항상 하나님의 말씀에 일치되게 우리를 인도하십니다. 내가 죽음의 병상에서 일어나 치유를 받은 뒤에 사역을 시작한지 얼마 되지 않은 때였습니다. 어느 월요일 아침, 잠에서 깨었는데 오른쪽 얼굴이 마비되었습니다. 마비된 쪽은 아무것도 느낄 수 없었습니다. 꼬집어보고 때려보았지만, 아무런 느낌도 없었습니다. 움직일 수도 없었습니다. 말을 할 때 나의 입의 왼쪽은 모두 같은 방향으로 움직여야 했고, 웃을 때면 나의 입의 왼편이 나의 귀까지 가는 것 같았습니다. 그날 저녁에 누워서 자려고 했을 때 상황이 더욱 악화되었음을 알게 되었습니다. 한쪽 눈이 감겨지지 않았습니다. (당신은 한 눈은 감고 다른 한 눈은 뜬 채 잠을 자려고 시도해 본 적이 있습니까? 이것은 쉬운 일이 아니었습니다.) 나는 손가락으로 열린 눈꺼풀을 조심스레 닫았습니다. 하지만 눈꺼풀은 다시 천천히 열렸습니다. 그렇지만 나는 벌써 이렇게 말을 했습니다. "어떻게 해야 할지 나는 알고 있지. (나는 침례교 소년이었지만, 치유에 대하여 배웠고, 할머니의 감리교성경을 읽으면서 하나님의 능력으로 치유를 받았습니다.) 수요일 저녁에 순복음교회에 가서 카너 목사님께 부탁해서 기름을 바르고 안수를 받고 기도를 받아야지. 그러면 나을 거야." 수요일 예배에 조금 늦어서 300명쯤 되는 회중의 뒷좌석에 앉았습니다. 그 교회의 수요예배에 매주 참석을 했기 때문에, 예배순서를 알고 있었는데 간증과 기도를 한 뒤에 간단한 성경 공부를 하고 강단 주위에 모여 기도를 합니다. 그렇지만 그날 저녁에는 다른 볼 일이 있었던 카너 목사님이 이렇게 말했습니다. "시간이 너무 늦었습니다. 모두 일어서세요. 축복

기도를 하고 끝내겠습니다." 그들이 막 가려고 했을 때 나는 예배당 뒤에서 손을 들고 소리를 질렀습니다. "목사님, 내 병의 치유를 위해 기도해 주시기 바랍니다." 카너 목사님은 "좋습니다. 앞으로 나오십시오."라고 말했습니다. 나는 톱밥이 깔린 통로를 지나 강단 앞에 가서 섰습니다. 목사님은 내 이마에 기름을 바르고 손을 머리에 얹은 후 기도를 했습니다. 나는 그 때 목사님께서 뭐라고 하셨는지 지금까지도 알지 못합니다. 다만, 그때 나는 "아멘"이라는 말이 나오기를 기다리고 있었습니다. 그 당시엔 알지 못했지만, 나는 지금 그것이 나의 "접촉점"이었다는 것을 알고 있습니다. - 즉 그 말을 듣는 순간이 내가 치유를 "받은 것으로 믿는" 것이 시작되는 시기였습니다.

　믿음의 기도에 있어서 중요한 것은, 응답받은 것이 아직 눈에 보이기 전에 "받았다고 믿는 것"입니다(막 11:24). 다시 말해서, 없는 것을 있는 것같이 부르는 것입니다(롬 4:17). 카너 목사님이 믿음으로 "아멘"하는 기도 소리를 들었을 때 나는 손을 들고 소리를 질렀습니다. "하나님, 감사합니다. 병은 사라졌습니다!" 하지만, 내가 그렇게 말하는 동안에도 입의 한쪽 끝은 거의 귀가 있는 곳까지 당겨져 있었습니다. 적어도 육신적으로는 치유되었다는 것을 보여줄 아무런 증거도, 아무런 느낌도 없었던 것입니다. 어떤 사람은 이렇게 말할 수도 있을 것입니다. "그러면 해긴 목사님은 거짓말을 한 것 아닌가요?" 아닙니다. 거짓말을 한 것이 아닙니다. 다만, 없는 것을 있는 것같이 부르고 있었던 것입니다. 내가 생각하기엔 이렇게 하는 것이 대부분의 그리스도인들이 성경에 순종해서 해야 하는 일 중 가장 어려운 일일 것입니다. 많은 정직한 사람들이 생각하기를 그렇게 하는 것은 거짓말을 하는 것이라고 생각을 합니다. 그래서 그렇게 하는 것을 두려워하는 것이지요. 그렇지만 생각해 보십시오. 먼저 이런 사실들을 고려해야 합니다. 성경은 하나님께서 거짓말을 하지 않으신다고 말합니다(히 6:8). 하나님은 진리이시고 거짓말을 하실 수 없습니다. 그리고 로마서 4장 17절은 거짓말을 하실 수 없는 그 하나님께서 "없는 것을 있는 것같이 불렀다"고 말하고 있습니다. 만일 하나님이 없는 것을 있는 것같이 불렀을 때 하나님께서 거짓말을 하신 것이 아니라면 내가 없는 것을 있는 것같이 부른 것도 마찬가지입니다. 계시록 13장 8절은 하나님께서 예수님이 창세 이후부터 '죽임을 당한 양'이라고 말하고 있습니다. 십자가에서 돌아가시기 수천 년 전부터 말입니다. 에베소서 1장 4절은 우리가 창세전부터 그리스도안에서 택한바 되었다고 말하고 있습니다. 우리는 그 때 아직 태어나지도 않았습니다. 성경은 하나님이 아브라함에게 이렇게 말씀하셨다고 말합니다. "내가 너로 열국의 아비가 되게 함이니라(완료형)"(창 17:5, 롬 4:17). 하나님은 이렇게 말씀하시지 않았습니다. "내가 되게 하려고 함이니라(미래형)." 아브라함과 사라에게는 아직 아이가 없었습니다. 그리고 앞으로 갖게 될 가능성도 없었습니다. 아브라함은 백세였고, 사라는 구십 세였습니다. 자연적으로는 불가능한 일이었습니다. 그렇지만 하나님은 "내가 앞으로 그렇게 하리라(미래형)"고 말씀하시지 않았습니다. 하나님께서는 없는 것을 있는 것같이 불렀습니다. 하나님께서는 "내가 하였노라(완료형)"고 말씀하셨습니다. 그리고 아브라함은 하나님처럼 믿음으로 없는 것을 있는 것같이 불렀습니다. 그리스도인들이 그 믿음의 발걸음을 뗄 수 있도록 설득될 수 있을 때 그들은 결과를 볼 것입니다! 내가 카너 목사님의 기도에 따라서 "하나님, 감사합니다. 이것은 없어졌습니다."라고 소리를 질렀을 때 하나님처럼 없는 것을 있는 것같이 부른 것입니다. 카너 목사님은 "예수님처럼 하는군요."라고 말하며 마무리 축복기도를 하라고 하였습니다. 사람들이 나에게 달려와서 이렇게 말했습니다. "케네스, 주님이 당신을 정말 치유했소?"

"하나님이 확실히 치유해주셨지요."

"하지만 당신 얼굴은 아직 비뚤어져 있는데, 차도가 있다는 것을 느낄 수 있다는 말이오?"

"그렇지 않습니다."

"내가 보기엔 치유받기 전과 다를 바가 없고 당신도 별 느낌도 없다고 했는데, 어떻게 주님이 당신을 치유했다고 생각하는 것이오?"

"나는 생각하는 것이 아닙니다. 아는 것입니다."

"어떻게 안다고 말할 수 있소?"

"하나님의 말씀이 나에게 그렇게 말할 수 있게 합니다. 하나님의 말씀은 내가 치유를 받았다고 하며, 나는 그것을 믿습니다." (나는 여기서 치유를 예로 들고 있지만, 믿음의 원칙은 다른 영역에서도 마찬가지입니다. 영적, 육신적, 물질적인 모든 영역에서도 말입니다. 예를 들어서, 나는 재정적인 필요에 관하여서도 없는 것을 있는 것같이 부르는 것에 대해 배웠습니다. 그리고 그것들도 내가 부른 대로 그렇게 되었습니다! 믿음은 없는 것을 있는 것같이 부르는 것입니다! 나는 이것을 이 세상에 있는 모든 집의 지붕꼭대기에서 부르짖을 수 있으면 좋겠습니다.) 수요예배 후에 몇 명의 젊은 부부들과 함께 집으로 걸어갔습니다.

"케네스, 주님이 당신을 정말 치유하셨나요?" 그들은 계속하여 물었습니다.

"예, 하나님이 확실히 그렇게 하셨습니다."

"하지만, 오는 길에 가로등 아래서 당신이 웃는 것을 보았는데, 당신은 여전히 입의 한 쪽만 움직이고, 다른 쪽은 움직이지 못하던데 어떻게 치유를 받았다고 생각하지요?

"나는 생각하는 것이 아닙니다. 나는 아는 것이지요."

"이해할 수 없군요."

"나도 이해하지 못하지만, 예수님은 '너희가 무엇을 원하든지 너희가 기도할 때 이해한다면 이루어지리라.' 고 말씀하지 않으셨고, 예수님은 이렇게 말씀하셨습니다. '너희들이 받았다고 믿으라, 그리하면 네게 이루어지리라.'"

우리 일행 중 한 쌍이 헤어져 그들의 집으로 가고, 나는 같이 갔던 젊은 여자를 그의 집까지 데려다 주었습니다. 그 여자성도는 나에게 들어오라고 하고 문 앞에서 그녀의 어머니를 불렀습니다. 등불 아래로 나를 데리고 가서 자신의 어머니에게 물었습니다. "엄마, 케네스의 얼굴을 좀 보세요." 그 여자와 그녀의 어머니는 키가 작은 사람들이었는데, 그들이 아래에서 내 얼굴을 뚫어져라 쳐다보는 모습을 내려다보며, 나는 웃음을 참기 어려웠습니다. 내가 웃자, 내 얼굴이 다시 일그러졌습니다. 그녀의 어머니가 말했습니다.

"내가 어리석은 짓을 하고 있는 것 같구나. 도대체 뭘 보라는 것이니?"

"엄마, 케네스의 얼굴이 교회가기 전과 조금이라도 다른 것이 있어요?"

"달라진 것이 없다고 확실히 말할 수 있단다. 왜 묻니?"

"그는 치유를 받았다고 생각하거든요."

"이모젠 양! 나는 치유 받았다고 생각하는 것이 아니에요. 나는 치유 받은 것을 압니다." 나는 없는 것을 있는 것같이 부르고 있었습니다. 나는 하나님처럼 행동하고 있었던 것입니다. 하나님은 우리들이 하나님이 행동하신 것처럼 행동하기를 원하십니다. 만일 그렇게 하는 것이 죄라면 하나님은 이 세상에서 가장 큰 죄인일 것입니다. 하나님은 그렇게 하시는 것을 몇 천 년째 하고 있으니까요. 그것은 죄가 아닙니다. 하나님의 말씀대로 행동하는 것은 죄가 아니라, 겸손을 행하는 것입니다. 우리는 겸손하게 하나님의 말씀의 빛을 따라 행하는 것입니다. 우리는 보는 것으로 행하는 것이 아니라 믿음으로 행해야 합니다(고후 5:7). 보는 것으로 행하면 결코 없는 것을 있는 것같이 부를 수 없습니다. 보는 대로 행한다는 것은 이론으로 행한다는 것입니다. 이론에 따라 행하면 없는 것을 있는 것같이 부를 수 없습니다. 보는 것으로 행하는 것은 보이는 대로 행한다는 것입니다. 보는 것으로 행하는 것은 육신적인 감각으로 느끼는 대로 행하는 것이므로 보는 것으로 행하는 사람은 이렇게 말합니다. "만일 내가 보면, 만일 내가 느끼면, 내가 가졌다는 것을 믿겠습니다." 그렇게 하는 것은 하나님을 기쁘시게 하지 못합니다. 이것은 하나님을 불쾌하게 합니다 (히 11:6). 이것은 믿음이 아닙니다.

히 11:1
믿음은 바라는 것들의 실상이요 보지 못하는 것들의 증거니

믿음은 소망하는 것들의 실상이요, 근본이요, 확신입니다. 믿음은 보이지 않는 것들의 증거입니다. 지난 60년 동안 여러 번에 걸쳐서 내가 치유 받았다는 간증이 거짓이라고 말하려는 육신의 증상들이 있었습니다. 그 때 마귀는 내 마음에 이렇게 말합니다. "너는 거짓말을 하고 있구나." 그렇지만 나는 마귀에게 이렇게 말합니다. "나의 믿음이 실상을 주고 있는 것이다…" 나의 믿음이 보이지 않는 것들을 실재로 나타나게 합니다. 물론 나는 치유를 보지 못하고 느끼지도 못합니다. 그러나, 나의 믿음이 그것이 실재가 되도록 하고 있는 것입니다. 내가 그런 고백을 계속하고 하나님을 찬양하고 있을 때 이것은 실재가 되어 나타나는 것입니다! 여러분이 기도를 하는 순간은 없는 것을 있는 것같이 부르는 순간이어야 합니다. 하나님의 치유를 받고자 할 때, 병이 깊어지고 더 악화되는 경우라고 할지라도 **당신의 믿음의 고백을 단단히 붙잡으십시오. – 없는 것을 있는 것같이 부르십시오!**

수년 전 그날 밤 그 여자친구는 이렇게 말했습니다. "카너 목사님은 믿음의 기도를 하지 않았어요. 그래서 당신이 치유 받지 못한 것이에요." 그러나 카너 목사님이 내게 기름을 바르고 기도하였고, 그 교회가 강단에 기름병을 두었다는 것은 그들이 야고보서 5장 14절을 믿었다는 것을 나타내는 것입니다. 그렇기 때문에 내가 침례교인이었지만, 내 교회에 가기보다 오히려 카너 목사님의 교회에 갔었던 것입니다.

마지막으로 가장 중요한 것은 이것입니다. 내가 얼마나 축복을

받을 지를 결정하는 것은 다름 아닌 자신의 믿음입니다. 예수님께서 두 명의 장님에게 이렇게 말했습니다. "너희들은 내가 이것을 할 수 있다고 믿느냐?" 그들이 "그렇습니다. 주님."이라고 대답하였을 때 예수님은 그들의 눈을 만지며 이렇게 말씀하셨습니다. "너의 믿음대로 될지어다"(마 9:27-29). 나는 이모젠양에게 이렇게 말했습니다. "나는 믿음으로 치유된 것이에요. 다음에 당신이 나를 보면 내 말이 맞았다는 것을 인정하게 될거에요." 나는 실재적인 치유가 내게 나타나야 한다는 것을 이미 알고 있었습니다. 그날 밤 내가 침대에 누워 있을 때, 한 눈은 감았지만 다른 쪽 눈은 열려 있었습니다. 마귀는 나에게 이렇게 말했습니다. "너는 치유를 받지 못했다. 그리고 이제 많은 사람들 앞에서 너는 바보 같은 행동을 해버린 셈이지." 나는 이렇게 말했습니다. "마귀야, 나는 여기 누워 잠들기 전까지 찬양을 하겠어." 시간은 벌써 자정이 넘었습니다. 그래서 나는 주님을 찬양하면서 이렇게 말했습니다. "주님, 나는 어제 저녁에 치유를 받았으니 정말 주님께 감사합니다." 다음 날 아침 내가 일어났을 때 나의 얼굴은 지금과 같이 아주 정상적인 모습이 되어 있었습니다. 아침을 먹고 나서 이모젠양의 집으로 갔고 그녀를 보며 정상적인 얼굴로 미소를 지었습니다. 그녀는 이렇게 말했습니다. "당신 정말 치유를 받았군요." 내가 대답했습니다. "어제 밤 카너 목사님이 저에게 기름을 바르고 기도하셨으니까요." 그녀는 "하지만 어제 밤 우리 집에서 갈 때 당신은 확실히 치유받지 못했어요."라고 주장했습니다. (만일 내가 그녀의 믿음으로 치유를 받으려고 했다면 치유를 영영 받지 못했을 것입니다. 그녀는 보아야만 믿는 믿음을 가지고 있었습니다.)

고백 (Confession)

성경을 제대로 읽기만 해도, 사람들은 자신이 주장하던 말을 더 이상 하지 않게될 것입니다. 하지만 그들은 성경을 읽지 않으므로 영에 있지 않습니다. - 그들은 자연적인, 인간적인 논리 안에 있는 것입니다. 어떤 사람들은 이것을 상식적인 지식의 영역이라고 부릅니다. 어떤 사람은 고백(Confession)에 대해 이렇게 말합니다. "고백하는 것은 아무런 실제적인 효력이 없어요." 만일 그렇다면 - 구원도 아무 효력이 없는 것입니다. 잠시만 생각해 보십시오. 여러분은 고백함으로 구원을 받았습니다. 성경은 이렇게 말합니다. "...입으로 고백(시인)하여 구원을 이루느니라."

> 롬 10:9-10
> 9 네가 만일 네 입으로 예수를 주로 시인하며 또 하나님께서 그를 죽은 자 가운데서 살리신 것을 네 마음에 믿으면 구원을 받으리라
> 10 사람이 마음으로 믿어 의에 이르고 입으로 시인하여 구원에 이르느니라

여기서 의롭다는 것은 하나님과의 바른 관계를 의미합니다. 아무도 스스로는 자신을 하나님과 바른 관계가 되도록 할 수 없습니다. 예수님 - 그의 죽음, 장사되심과 부활 - 을 통해 우리는 하나님과 바른 관계가 되었습니다. 성경이 말하고 있는 대로 사람이 그것을 그의 심령으로 믿고 그리고 입으로 - 무엇으로 라고요? - "입으로" 고백을 하면, 그것이 그에게 구원을 이룬다고 하였습니다.

이제 로마서 10장 10절을 이렇게 읽을 수 있겠습니다. "심령으

로 믿어서 하나님과 바른 관계를 가지게 됩니다. 왜냐하면 그를 위해 예수님이 죽으셨고, 그의 죄를 가져가셨으며, 그 대신 죄인이 되었다가 죽음에서 다시 살아나셨기 때문입니다. 또한 입으로 고백함으로 구원을 얻게 됩니다." 자신이 구원받았음을 고백할 때 비로소 그가 고백한 구원이 임하게 됩니다. 그러므로 만일 고백하지 않는다면 그의 믿음이 그와 아무런 관련이 없게 됩니다. 그에게 구원이 실재로 존재하도록 하는 것이 바로 고백이 하는 일입니다. 거듭남의 근거가 되는 것은 믿음과 고백입니다. 누구라도 성경을 아는 사람이라면 이것도 알 것입니다. 그렇지만 대부분의 그리스도인들이 거기서 멈추고 맙니다. 하나님으로부터 받는 어떤 것도 똑같은 방법으로 우리에게 오는 것임을 알아야 합니다. 하나님은 믿음의 하나님이십니다. 우리는 믿음의 자녀들입니다. 심령으로 믿고 입으로 고백을 함으로써 거듭나게 되듯이 신유, 성령세례, 기도응답도 같은 방법으로 얻게 되는 것입니다.

하나님을 기쁘게 하는 일 (Pleasing God)

> 히 11:6
> 믿음이 없이는 하나님을 기쁘시게 하지 못하나니 하나님께 나아가는 자는 반드시 그가 계신 것과 또한 그가 자기를 찾는 자들에게 상 주시는 이심을 믿어야 할지니라

하나님께 불순종하는 것이 죄(sin)이며, 단순히 언제나 하나님께 순종하고 하나님을 기쁘시게 하는 것이 바로 거룩함(holiness)입니다. 우리 모두는 하나님의 뜻대로 행하기를 원하

지요. 없는 것을 있는 것같이 부르는 것, 이것이 바로 하나님의 뜻입니다. 이렇게 행하는 것이 하나님을 영화롭게 합니다. 이렇게 하는 것은 눈에 보이는 증거가 없이도 하나님의 말씀을 믿는 것이기 때문입니다. 이것이 하나님을 기쁘게 합니다. 없는 것을 있는 것같이 부르는 것은 우리가 하나님께 무엇을 얻을 수 있는 그 믿음을 가지게 합니다.

많은 그리스도인들이 "나는 내 삶이 하나님께 영광이 되기를 원합니다."라고 고백하면서 자신의 옳은 행동과 선행이 하나님께 영광이 되도록 할 것이라고 생각합니다. 물론 성경은 옳은 행동과 선행을 하라고 가르치지만, 우리는 옳은 행동과 선한 일들을 하면서도 하나님을 기쁘게 하지 못할 수 있습니다.

성경에 어디에서도 이렇게 말하는 것은 없습니다. "옳은 행동과 선한 일이 없이는 하나님을 기쁘시게 할 수 없느니라." 하나님께서 강조하시는 것은 그것이 아닙니다. 하나님께서는 이렇게 말씀하셨습니다. "**믿음**이 없이는 하나님을 기쁘게 할 수 없느니라."

스미스 위글스워스는 이렇게 말했습니다. "하나님을 믿는 것에는 정말 하나님을 끌리도록 하는 무엇인가가 있습니다. 여러분의 믿음은 하나님으로 하여금 백만 명의 사람을 지나쳐서 여러분에게 달려오도록 하는 그 무엇입니다."

여러분이 구한 것은 이미 된 것으로 여기십시오. 우리의 믿음의 조상인 아브라함의 믿음의 발자취를 따르십시오. 그는 믿음의 하나님의 발자취를 따랐습니다. 없는 것을 있는 것같이 부르십시오!

제 9 과
하나님께 영광을 돌리세요

아홉 번째 단계 : 응답이 이루어지기 전이라도 하나님께 영광을 돌리십시오.

여러분은 기도한 것이 이미 되었다고 간주했습니다(여덟 번째 단계). 그렇지만 아직 기도응답의 결과가 실제로 나타나지는 않았습니다. 아브라함이 가진 믿음을 좀더 자세히 살펴봅시다. 우리는 그가 걸어간 발자취를 따라야 할 테니까요. 우리가 취할 아홉 번째 단계에 따른 성경 구절을 보겠습니다.

> 롬 4:19-21
> 19 그가 백 세나 되어 자기 몸이 죽은 것 같고 사라의 태가 죽은 것 같음을 알고도 믿음이 약하여지지 아니하고
> 20 믿음이 없어 하나님의 약속을 의심하지 않고 믿음으로 견고하여져서 하나님께 영광을 돌리며
> 21 약속하신 그것을 또한 능히 이루실 줄을 확신하였으니

아브라함이 무엇을 하였습니까? 그는 하나님께 영광을 돌렸습니다! 아브라함은 무엇 때문에 하나님께 영광을 돌렸습니까? 아브라함은 하나님이 약속하신 것을 능히 이루실 줄을 확신하였기 때

문입니다. 하나님께서 아직 행하신 것이 아닙니다. 아직 약속은 이루어지지 않았습니다. 그러나 아브라함은 약속하신 것이 이미 되었다고 간주하고 하나님께 영광을 돌린 것입니다. - 아직 나타나기도 전에 말입니다. - 그가 그렇게 할 수 있었던 이유는 하나님께서는 자신이 약속하신 것을 분명히 하실 수 있다고 그가 믿었기 때문입니다. 여러분은 20절에서 "견고한 믿음"에 대해 말하고 있다는 것을 주의해 보셨습니까? 성경은 아브라함이 믿음에 견고하여져서 "하나님께 영광을 돌리며 약속하신 그것을 또한 능히 이루실 줄을 확신하였으니"라고 말하고 있습니다. 이것을 성경은 견고한 믿음이라고 말하고 있는 것입니다. 여러분께 묻습니다. 당신은 하나님께서는 약속하신 것을 행할 수 있다는 것에 확신하고 있나요? 하나님께서는 그 말씀에서 약속하신 것이 무엇이든지 그가 하실 수 있다는 것에 확신하고 있나요? 만일 여러분의 대답이 긍정적이라면 여러분은 반쯤은 견고한 믿음을 가진 것입니다. 그러나 아직 믿음은 절반에 불과합니다. 믿음의 다른 절반은 다음의 질문에 긍정적인 대답을 해야 합니다. 여러분은 하나님께 영광을 돌릴 수 있습니까? 여러분은 하나님을 찬양할 수 있습니까? 여러분은 "하나님 아버지! 약속을 주셔서 감사합니다."라고 말할 수 있습니까? 만일 여러분의 대답이 이번에도 긍정적이면 견고한 믿음을 가진 것입니다. 여러분이 깨어 있는 동안에 하나님의 놀라우심과 선하심에 대하여 생각을 하십시오. 여러분이 받은 축복을 세어 보십시오. 여러분의 심령을 하나님을 향해 들고 항상 감사하고, 하나님께서 이미 하신 일들을 인하여 항상 찬양하고, 지금 당신을 위하여 하시는 역사를 인하여 항상 감사하십시오.

빌 4:6
아무 것도 염려하지 말고 다만 모든 일에 기도와 간구로 너희 구할 것
을 감사함으로 하나님께 아뢰라

"아무 것도 염려하지 말고"라는 구절의 의미는 "아무 일에도 조바심을 내지 말고"라는 것입니다. 확대번역본은 이렇게 말하고 있습니다. "걱정하지 말고 아무 일에도 조바심을 갖지 말라." 여러분이 걱정을 하는 한 기도와 금식은 소용이 없을 것입니다. 이 성경 구절은 또 "감사함으로"라고 말하고 있습니다. – 이것은 기도한 후에 생기는 것입니다. 여러분이 기도했으면 그것에 대해 하나님께 감사해야 합니다. 여러분이 구하는 모든 기도가 불신으로 하는 것이 아니라 믿음으로 하는 것이 되게 하십시오. 종종 의심과 불신을 생각할 수 있는 것과 똑같이 쉽게 우리는 믿음이 있다는 말도 할 수 있습니다. 믿음의 생각을 하고 믿음의 말을 하는 것이 우리의 심령을 패배로부터 승리로 이끌어줍니다. 패배를 받아들이지 마십시오. 기도응답을 받지 못하는 것을 당연하게 생각하지 마십시오. 여러분은 하나님의 가족의 일원이고, 속죄를 받았으므로 하나님께서 약속하신 것을 받을 권리가 있습니다. 바로 지금 이 권리가 여러분에게 주어진 것입니다. 그러므로 받아들이면 실제로 그렇게 될 것입니다.

스미스 위글스워스는 이렇게 말했습니다. "만일 당신이 한 가지 일을 위하여 일곱 번을 기도한다면 당신은 여섯 번은 불신으로 기도한 것입니다."

앤드류 머리는 이렇게 말했습니다. "하나님께 어떤 것을 구하고 또 구하는 것은 좋은 취미가 아닙니다. 만일 당신이 또 기도할

때 당신이 기도한 것이 나타나지 않았다면 같은 방법으로 기도하지 마십시오. 그것은 불신입니다. 하나님께 당신이 구한 것과 말씀이 말하는 것을 상기시키고 당신이 기대하고 있다고 하나님께 말씀하십시오. 그리고 하나님께 감사하십시오."

많은 사람들이 그들의 기도를 물거품이 되도록 합니다. 그들은 불신에 빠지고 그 상태에 머물며 쳇바퀴 돌리듯 헛수고를 하고 있는 것입니다. 만일 대부분의 그리스도인들이 이런 식의 기도를 중단하고 하나님을 찬양한다면 곧 기도응답을 받게 되리라는 것을 확신합니다.

제 10 과

응답받은 것처럼 행동하십시오

열 번째 단계 : 기도한 것을 받은 것처럼 행동하십시오.

  기도한 것을 받은 것처럼 행동하는 방법이 항상 있습니다. 나는 55년 전 십대의 나이로 병상에 누워있을 때 그 진리를 알게 되었습니다. 나는 자신에게 이런 질문을 하였습니다. "만일 내가 병상에서 일어난다면 무엇을 할까?" 스스로 이렇게 대답했습니다. "그래 나는 설교를 할 거야. 그것이 내가 할 일이야." 그래서 나는 아직 부분적으로 마비가 된 상태였지만 설교할 준비를 했습니다. 설교할 원고를 준비하기 시작해서 나중에는 거의 한 상자나 되었습니다. 그 많은 원고들 중 나중에 실제로 설교할 만했던 것은 하나에 불과했지만, 나는 그것이 정말인 듯 행동했었습니다. 여러분도 믿음으로 구한 것을 받은 것처럼 행동하는 방법이 있습니다. – 그렇게 될지도 모른다는 가정에서 하는 것이 아니라 믿음으로 말입니다.

결 론

　나는 여기에서 몇 가지 결론을 내려고 합니다. 여러분께서 왜 하나님이 응답을 하지 않는지에 대하여 생각하는 순간, 혹은 왜 하나님이 여러분의 기도를 들으시지 않은지를 돌아보는 순간, 혹은 구한 것을 받는 것이 하나님의 뜻이 아니었기 때문에 응답이 늦어진다고 받아들이기 시작할 때 당신은 벌써 패배한 것입니다.
　여러분은 하나님을 믿는 흔들리지 않는 믿음으로 응답 받는 것을 붙잡는 일에 실패했기 때문에 자동적으로 패배한 것이 되는 것입니다.
　두 번째 단계가 당신이 구하고 믿는 것을 말해주는 성경 구절을 찾는 것이었습니다. 만일 성경이 말하고 있다면 우리는 믿어야 합니다. 어떤 사람은 이렇게 말할 수 있습니다. "아마도 그것을 가지는 것이 나를 향한 하나님의 뜻이 아닐 수도 있습니다." 만일 그것을 갖는 것이 하나님의 뜻이 아니라면 하나님께서는 거짓말을 하신 것입니다. 이런 말을 하는 많은 그리스도인들은 무의식적으로나마 하나님은 거짓말쟁이라고 비난을 하고 있는 것입니다. 만일 그들이 무슨 말을 하는지 그 의미를 안다면 그들은 그런 말을 하지 않을 것입니다. 하나님께서 그의 말씀에서 당신에게 무엇을 약속하였다면, 혹은 하나님께서 어떤 것이 당신에게 속했다고 말씀하셨다면 하나님께서는 당신이 그것을 가지도록 하시기 위해 그렇게 말씀하신 것입니다! 만일 그렇지 않았다면 하나님께서 당신을 바보로 만들고 계시는 것이고 하나님은 속임수에 동참자가 되는 것입니다. 그러나 하나님께서는 그런 분이 아니십니다. 사람들이 이 세상에서 자신들의 것을 지키려고 싸우듯이 영적인 분야에서도 그들이 소유한 것을 지키려고 싸운다면 많은 문제가 해결될 것입니다. 만일 어떤 사람이 여러분을 찾아와서 이렇게 말을 한다고 합시다. "이 집에서 나가시오." 실제로 여러분이 그 집을 사고 25년 동안 대출금을 상환해서 집을 완전히 소유하게 된 상태라면 여러분은 이렇게 말할 것입니다. "이 집은 내 집이오. 여기 이 집이 내 소유임을 증명하는 서류가 있소." 이렇게 대답하는 사람은 없을 것입니다. "알겠소. 열흘만 여유를 주시오. 내가 나가겠고 당신에게 이 집을 주겠소." 아마도 그런 사람은 없을 것입니다. 여러분은 혹 필요하면 변호사를 선임해서 일을 처리하려고 할지도 모릅니다. 영적인 것도 마찬가지입니다. 기도응답이 여러분의 것이라는 법적인 서류가 있습니다. 하나님의 말씀은 법적인 서류입니다. 신약(이것은 유서라는 의미가 있습니다.)은 하나님의 말씀이 내 것이라고 말하는 모든 것을 내가 가지는 것이 하나님의 뜻이라는 것을 말하고 있습니다. 그저 아무 일도 하지 않고 드러누워 죽은 척하며 여러분의 권리를 마귀에게 주어버리지는 않을 것입니다. 하나님이 내 것이라고 말씀하시는 것은 내가 가질 것입니다. 당신도 그렇게 할 수 있습니다! 그렇지만 당신은 이런 문제에 흔들리면 안됩니다. 어떤 상황에서라도 응답되지 않은 기도에 대하여 하나님의 뜻을 의심하지 마십시오. 여러분이 의심하지 않으면 여러분이 구하는 것은 무엇이든 지 가질 수 있다고 하나님께서 말씀하셨기 때문입니다. 예수님께 서 이렇게 말씀하십니다. "그러므로 내가 너희에게 말하노니 무 엇이든지(이것은 범위가 넓습니다!) 기도하고 구하는 것은 받은 줄로 믿으라 그리하면 너희에게 그대로 되리라"(막 11:24). 많은 사람들은 이렇게 말합니다. "그렇습니다. 그러나..." 성경에는 "그러나"라는 말이 없습니다. 그러므로 그 말을 더하지 마십시오! "그렇습니다. 그러나 그것은 다른 것을 의미..." 아닙니다. 만일 예수님이 그가 말씀하신 것을 실제로 의미하신 것이 아니라면 예 수님께서는 거짓말을 하신 것입니다. 이것은 이렇게 간단한 문제 입니다. 만일 예수님이 말씀하신 것을 의미하신 것이 아니라면 예수님은 그것에 대하여 거짓말을 하신 것이고 예수님은 위선자 인 것입니다. 저는 하나님의 아들이 거짓말쟁이라고 생각하지 않 습니다. 나는 예수님이 위선자라고도 생각하지 않습니다. 나는 예수님의 말씀은 말씀 그대로라고 믿습니다. 여러분의 기도가 응 답이 되고 안 되고는 하나님보다는 여러분에게 달려 있는 것입니 다. 하나님은 이미 어떤 약속들을 하셨고 말씀을 하셨습니다. 성 경은 하나님께서는 결코 실수하지 않으시고, 변하지 않으시며, 거짓말을 하실 수 없다고 말하고 있습니다. 그렇다면 하나님께서 당신이 기도하고 있는 것을 약속하신 후에 마음이 변하셔서 이렇 게 말씀하시지는 않을 것입니다. "아니다. 너는 그것을 가질 수 없을 것 같구나." 하나님께서는 거짓말을 못하십니다. 그러므로 만일 당신이 가지지 못했다면 그 원인은 하나님보다는 여러분에 게 있는 것입니다. 대부분의 사람들은 요한복음 15장 7절을 이렇게 잘못 해석하고 있습니다. "너희가 내 안에 거하고 나의 말이 너희 안에 거하면 너희가 하나님의 뜻을 구하면 그리고 만일 그것이 하나님의 뜻이면 그것이 너희에게 이루어지리라." 성경이 그렇게 말하고 있습니까? 아닙니다. 성경은 이렇게 말하고 있습니다.

> 요 15:7
> 너희가 내 안에 거하고 내 말이 너희 안에 거하면 무엇이든지 원하는 대로 구하라 그리하면 이루리라

원하는 것은 무엇이든지! 원하는 것은 무엇이든지!

1934년 8월 이후 나는 개인적인 기도에 대해 응답받지 못한 것이 하나도 없습니다. 단 한번도 하나님께서 내 기도에 이렇게 말씀하시지 않았습니다. "안된다." 또는 "잠깐만 기다려라."라고도 말씀하신 적이 없습니다. 하나님의 기도응답에 "YES" "NO" "WAIT!" 세 가지가 있다는 이론은 인간의 이론일 뿐입니다. 성경은 그렇게 가르치고 있지 않습니다. 요한복음 15장 7절의 조건은 무엇입니까?

첫째, 여러분은 하나님 안에 거해야 합니다. 다른 말로 하면, 당신이 그 안에서 거듭나야 하는 것입니다.

둘째, 하나님의 말씀이 여러분 안에 거해야 합니다. 그렇기 때문에 우리들이 기도응답 받는 두 번째 단계는 "성경 구절을 찾는 것"입니다. 말씀 안에 거하라. 그의 말씀으로 당신 안에 거하게 하십시오. 많은 경우에 – 내가 성경 구절을 안다고 해도 내가 인용을 할 수 있다고 해도 – 나는 어떤 일에 대하여 기도부터 하지

않습니다. 나는 말씀으로 먼저 돌아갑니다. 나는 해당되는 성경 구절을 조심스럽게 - 어떤 때는 하루나 이틀이 걸리더라도 - 내가 기도를 하기 전에 다시 봅니다. 그리고 내가 원하는 것을 구하면 내게 그것이 이루어지는 것입니다. 수천수만의 그리스도인들이 하는 실수를 여러분은 하지 마십시오. 그것은 하나님께서 약속하셨음에도 그것이 하나님의 뜻이 아니라고 의심하고 흔들리는 것입니다. 야고보를 통하여 하나님의 성령이 말씀하신 것을 기억하십시오(약 1:5-7). 의심하고 흔들리는 사람은 그가 주님으로부터 어떤 것을 받을 것을 기대할 수 없다는 것입니다. 너무 많은 그리스도인들이 흑암에서 기도하고 있습니다. 그들은 하나님의 말씀의 빛 가운데서 기도하지 않는 것입니다. 그들은 그들이 기도하고 있는 것에 해당하는 성경 구절을 찾지 못한 것입니다(두 번째 단계). 하나님의 말씀이 가져다주는 기도응답의 입구를 비추는 빛을 따르는 기도를 하지 못하고 있는 것입니다(시 119:130). 아내의 병을 치유받기 위해 부부가 함께 예배가 끝난 후에 앞으로 나왔습니다. 그 여자는 불치의 병을 앓고 있었습니다. 의사들은 그 여자가 6개월이면 죽을 것이라고 했습니다. "우리들은 내 아내가 치유되는 것이 하나님의 뜻인지에 대하여 알려달라고 기도하고 있으며, 하나님께서 우리들에게 믿음을 주어서 아내가 치유되도록 기도하고 있습니다."라고 남편이 말했습니다. 내가 물었습니다. "당신의 아내를 치유하는 것이 하나님의 뜻인지 아닌지를 어떻게 분별하시려고 합니까?" 남편은 이렇게 대답했습니다. "목사님께서 제 아내에게 안수하실 때, 만일 하나님의 뜻이면 하나님께서 아내를 치유하실 것이고, 하나님의 뜻이 아니면 치유하시지 않을 것이라고 생각합니다."

내가 대답했습니다. "당신이 그렇다면 기도하지 않겠습니다. 당신의 아내는 치유를 받지 못할 것이기 때문입니다. 그러면 당신은 다니며 그것이 하나님의 뜻이 아니었다고 말씀하시겠지요. - 일이 그렇게 되면 당신은 하나님께 가까이 오기는커녕 오히려 더 멀리 갈 것입니다." (많은 사람들이 기도를 받기 전보다 기도를 받은 후에 더 악화가 됩니다. 그런 경우에는 기도를 받지 않았어야 했습니다.) 남편은 나를 멍하니 쳐다보며 이렇게 물었습니다. "그러면 내가 어떻게 해야 하겠습니까?" 나는 그에게 말씀을 생각하도록 하면서 이렇게 말했습니다. "아직 성경이 뭐라고 하는지 잘 모른다고 가정하고 (물론 저는 성경이 그렇게 말하고 있음을 알고 있었습니다.) 이렇게 생각해봅시다. 혹 성경에서 예수님이 당신 아내의 연약함을 담당하시고 그녀의 질병을 짊어졌다고 말씀하고 있다면 당신의 아내를 치유하는 것이 하나님의 뜻이 아니겠습니까?" 그는 "물론이지요."라고 대답했습니다. "그렇다면 성경이 그렇게 말하고 있는지 아닌지를 찾아봅시다."라고 내가 말하고 그들에게 마태복음 8장 17절과 이사야 53장 4,5절 그리고 베드로전서 2장 24절을 주었습니다. 그들은 이것들을 보았습니다. 그 남편이 이렇게 말했습니다. "그 동안 우리가 해온 기도의 첫 부분은 아무 소용이 없는 것이었군요. 우리는 그것을 버려야 하겠네요?" 나는 그 순간에는 그렇게 말하지 않았지만, 사실 그들이 응답을 받기 위해서는 그들이 해온 기도의 전체를 내버려야 했습니다. 그들이 해온 기도는 만일 그 아내가 치유를 받는 것이 하나님의 뜻이면 하나님께서 그들에게 믿음을 주어서 치유를 받도록 해 달라는 것이었습니다. 그리고 그들은 내가 그 여자에게 안수를 할 때 그 여자가 치유를 받고 안 받는 것에 따라서 하나님의 뜻을 분별하겠다는 것이었습니다. 하나님의 뜻은 그런 식으로 분별하는 것이 아닙니다. 하나님의 뜻으로 행해야 하나님의 뜻을 알 수 있는 것입니다. 우리는 죽은 사람이 마지막 유언을 남기고 약속을 한 것에 대해 알고 있습니다. 우리에게는 새로운 언약이 있습니다. - 이것은 하나님의 유언입니다. - 우리들, 즉 교회에게 주 예수 그리스도의 피 흘림과 죽음으로 확실히 주어진 것입니다. 그 언약을 읽고 당신에게 속한 것을 알아내십시오! "우리는 우리 기도의 처음 부분을 내버려야 한다는 것을 알았습니다." 그 남편이 그렇게 말했습니다. "이제 우리는 하나님께서 우리에게 믿음을 주어 제 아내가 치유를 받도록 기도하는 것만 하겠습니다." "아니요. 아직도 기도할 준비가 덜 된 것 같습니다. 형제님은 구원을 받았습니까?" "우리는 OO교회 교인입니다." "형제님은 우리가 집회를 하는 이 교회의 교인일지라도 구원을 받지 못했을 수 있습니다. 형제님은 거듭났습니까? 하나님의 자녀입니까?" "네 그렇습니다." "형제님은 어떻게 구원 받았습니까?" "우리 이웃이 자기 교회에 같이 가자고 계속 청했습니다. 그리고 결국 우리는 교회에 갔습니다. 그리고 목사가 구원 받을 사람을 초청하는 시간에 우리가 앞으로 나와서 강단에 무릎을 꿇었습니다. 그는 우리 머리에 안수를 하고 기도를 했습니다. 그리고 그는 우리들에게 기도하라고 격려를 해 주었습니다." "그 때 즉 당신이 구원을 위해 기도할 때 하나님께서 믿음을 주셔서 구원을 받게 해달라고 기도하셨나요?"라고 내가 물었습니다. "아니지요. 그렇게 하지는 않았습니다. 목사님께서 성경을 말씀하시면서 그리스도께서 우리의 죄를 위하여 죽으셨다고 설교를 하였습니다. 그리고 누구든지 주님의 이름을 부르는 자는 구원을 받을 것이라고 가르치셨지요. 우리는 앞으로 나가기 전에 이미 주님이 어떻게 하실 지를 알 수 있었습니다." 내가 말했습니다. "성경에 따르면 예수님께서는 우리의 죄를 담당하셨을 뿐 아니라 우리의 질병도 담당하셨다고 말합니다. 말씀이 있는데 왜 우리가 하나님께 치유를 받기 위한 믿음을 달라고 기도해야 하겠습니까? 우리가 알아야 할 것은 하나님의 말씀이 무엇이라고 하는 것뿐입니다." 그는 벌떡 일어나며 이렇게 말했습니다. "우리는 지금까지 우리가 해온 기도를 모두 내버려야겠군요. 그렇지요?" 우리는 그 때에야 기도할 준비가 되었던 것입니다. 그는 하나님의 뜻을 알았습니다. 그 아내도 하나님의 뜻을 알았습니다. 긴 이야기를 짧게 하자면, 그 여인은 치유를 받았습니다. 나는 그들을 수 년 후에 보았습니다. 그 아내는 아직도 건강하였습니다. 내가 한 번 더 이야기를 하겠습니다. 결론적으로 우리가 기도응답을 받고 못 받고는 하나님께보다 우리 자신에게 더 많이 달려있는 것입니다. 하나님은 결코 실수할 수 없고, 하나님은 결코 변하지 않고, 하나님은 절대로 거짓말을 하지 않으시며, 잘못 하실 수 있는 가능성이 전혀 없기 때문에 이 말이 진리인 것입니다. 오직 가능한 실수는 사람에게 있는 것입니다. 사람은 믿음보다 느낌으로 사는 것에 익숙하여 있습니다. 그렇지만 성경은 우리가 보는 것으로가 아니라 믿음으로 행해야 한다고 말합니다(고후 5:7). "보는 것"이란 어떤 육신적인 감각이나 느낌을 말하는 것입니다. 우리는 그것으로 행하는 것이 아닙니다. 우리는 믿음으로 행합니다. 우리는 믿음으로 삽니다. 그렇지만 사람은 믿음보다는 느낌으로 행하는 것에 너무 익숙해 있습니다. 너무 익숙해 있으므로 없는 것을 있는 것같이 부르는 대신 상황에 따라서 좌절해버리고 맙니다. 사람들은 옳은 것을 집요하게 붙잡는 단순함이 없습니다. 그렇기 때문에 패배하는 것입니다. 거기에 실패가 있습니다. 여러분은 실패하지 않도록 해야 합니다. 만일 여러분만 실패하지 않는다면 하나님께서는 실패하시지 않기 때문에 여러분의 기도응답에는 실패가 없을 것이며, 여러분의 인생에는 실패의 가능성이 전혀 없는 것입니다.

믿음의 말씀사 출판물

믿음의말씀사에서 발행되는 모든 도서는 본사에서 직영판매하며,
본사 대표전화 또는 홈페이지를 통해서 구입이 가능합니다.
구입문의 : 031-8005-5483 / 5493 http://faithbook.kr

케네스 해긴의「믿음 도서관」책들 | 케네스 해긴 지음 · 김진호 옮김

- 믿는 자의 권세 (생애기념판) | 양장본 신국판 264p / 값 13,000원
- 당신이 알아야 하는 신유에 관한 일곱 가지 원리 | 국판 112p / 값 5,000원
- 기도의 기술 | 국판 208p / 값 7,000원
- 인간의 세 가지 본성 (증보판) | 국판 128p / 값 5,500원
- 어떻게 하나님의 영으로 인도받을 수 있는가? (생애기념판) | 국판 272p / 값 10,000원
- 믿음의 계단 | 국판 240p / 값 8,500원
- 마이더스 터치 | 국판 272p / 값 10,000원
- 당신을 향한 하나님의 계획 | 국판 256p / 값 8,500원
- 하나님 가족의 특권 | 국판 176p / 값 6,500원
- 나는 환상을 믿습니다 | 국판 208p / 값 7,000원
- 하나님의 계획과 목적과 추구 | 국판 224p / 값 8,000원
- 역사하는 기도 | 국판 256p / 값 9,000원
- 병을 고치는 하나님의 말씀 | 국판 184p / 값 7,000원
- 영적 성장 | 국판 192p / 값 7,000원
- 치유의 기름부음 | 국판 336p / 값 10,000원
- 크게 성장하는 믿음 | 국판 160p / 값 6,000원
- 신선한 기름부음 | 국판 176p / 값 7,000원
- 예수 열린 문 | 국판 216p / 값 8,000원
- 믿음이란 무엇인가 | 국판 64p / 값 2,500원
- 진짜 믿음 | 국판 56p / 값 2,000원
- 기름부음의 이해 | 국판 256p / 값 9,000원
- 그리스도께서 지금 하고 계시는 일 | 국판 64p / 값 2,500원
- 승리하는 교회 | 신국판 496p / 값 15,000원
- 믿음의 양식 | 국판 384p / 값 13,000원
- 조에 | 국판 96p / 값 4,000원
- 그리스도의 선물 | 신국판 368p / 값 12,000원
- 믿음이 흔들리고 패배한 것 같을 때 승리를 얻는 법 | 신국판 160p / 값 7,000원

- 충분하고도 넘치는 하나님 엘 샤다이 | 국판 64p / 값 2,500원
- 하나님의 말씀 : 모든 것을 고치는 치료제 | 국판 72p / 값 3,000원
- 믿음의 선한 싸움을 싸우는 법 | 국판 200p / 값 7,000원
- 내주하시는 성령 임하시는 성령 | 국판 256p / 값 9,000원
- 방언 | 신국판 384p / 값 12,000원
- 재정적인 번영에 대한 성경적 열쇠들 | 국판 240p / 값 9,000원
- 금식에 관한 상식 | 국판 64p / 값 2,500원
- 가족을 섬기는 법 | 국판 72p / 값 3,000원
- 여성에 관한 질문들 | 국판 112p / 값 5,000원
- 그리스도 안에서 | 문고판 48p / 값 1,000원
- 새로운 탄생 | 문고판 48p / 값 1,000원
- 방언기도의 능력을 풀어 놓으라 | 문고판 64p / 값 1,200원
- 재정 분야의 순종 | 문고판 48p / 값 1,000원
- 말 | 문고판 64p / 값 1,200원
- 나는 지옥에 갔다 왔습니다 | 문고판 48p / 값 1,000원
- 하나님의 처방약 | 문고판 64p / 값 1,200원
- 더 좋은 언약 | 문고판 48p / 값 1,000원
- 옳은 사고방식 틀린 사고방식 | 문고판 80p / 값 2,000원
- 속량 - 가난, 질병, 영적 죽음에서 값 주고 되사다 | 문고판 64p / 값 1,200원
- 예수의 보배로운 피 | 문고판 48p / 값 1,000원
- 하나님을 탓하지 마십시오 | 문고판 48p / 값 1,000원
- 네 주장을 변론하라 | 문고판 48p / 값 1,000원
- 셀 모임에서 성령인도 받기 | 문고판 48p / 값 1,000원
- 네 염려를 주께 맡겨라 | 문고판 80p / 값 2,000원
- 성령을 받는 성경적인 방법 | 문고판 64p / 값 1,200원
- 안수 | 문고판 48p / 값 1,000원
- 치유를 유지하는 법 | 문고판 48p / 값 1,000원
- 사랑은 결코 실패하지 않습니다 | 문고판 48p / 값 1,000원
- 예언을 분별하는 일곱 단계 | 문고판 80p / 값 2,000원
- 절망적인 상황을 반전시키기 | 문고판 80p / 값 2,000원
- 당신의 믿음을 풀어 놓는 법 | 문고판 80p / 값 2,000원
- 하나님의 영광 | 문고판 64p / 값 1,200원
- 하나님께서 내게 가르쳐 주신 형통의 계시 | 문고판 48p / 값 1,000원
- 왜 능력 아래 쓰러지는가? | 문고판 48p / 값 1,000원

기타 「믿음의 말씀」 설교자의 책들

- 성령의 삶 능력의 삶 | 데이브 로버슨 지음 · 김진호 옮김 / 신국판 480p / 값 13,000원
- 왕과 제사장 | 김진호 지음 / 국판 136p / 값 6,500원
- 새로운 피조물의 실재 | 김진호 지음 / 국판 256p / 값 9,000원
- 믿음의 반석 | 최순애 지음 / 국판 352p / 값 12,000원
- 새 언약의 기도 | 최순애 지음 / 신국판 192p / 값 8,000원
- 새로운 피조물 고백기도집 | 최순애 지음 / 46판 88p / 값 3,000원
- 위글스워스 : 하나님과 함께 동행했던 사람 | 조지 스토몬트 지음 · 김진호 옮김 / 국판 192p / 값 7,000원
- 위글스워스 : 하나님의 능력으로 불타오른 삶 | 윌리엄 하킹 지음 · 김진호 옮김 / 국판 104p / 값 5,000원
- 승리하는 믿음 | 스미스 위글스워스 지음 · 김진호 옮김 / 46판 112p / 값 4,000원
- 스미스 위글스워스의 천국 | 스미스 위글스워스 지음 · 박미가 옮김 / 신국판 320p / 값 11,000원
- 스미스 위글스워스의 매일묵상 | 스미스 위글스워스 지음 · 박미가 옮김 / 신국판 600p / 값 20,000원
- 위글스워스는 이렇게 했다 | 피터 J. 매든 지음 · 박미가 옮김 / 국판 272p / 값 9,000원
- 스미스 위글스워스의 능력의 비밀 | 피터 J. 매든 지음 · 박미가 옮김 / 국판 200p / 값 7,000원
- 행동하는 신자들 | T. L. 오스본 지음 · 김진호 옮김 / 46판 112p / 값 4,000원
- 기적 - 하나님 사랑의 증거 | T.L. 오스본 지음 · 김진호 옮김 / 46판 144p / 값 4,500원
- 새롭게 시작하는 기적 인생 | T.L. 오스본 / 라도나 오스본 지음 · 박미가 옮김 / 46판 288p / 값 8,000원
- 좋은 인생 | T. L. 오스본 지음 · 박미가 옮김 / 신국판 416p / 값 13,000원
- 성경적인 치유 | T.L. 오스본 지음 · 김진호 옮김 / 국판 272p / 값 10,000원
- 능력으로 역사하는 메시지 | T.L. 오스본 지음 · 김주성 옮김 / 신국판 368p / 값 12,000원
- 100개의 신유 진리 | T.L. 오스본 지음 · 김진호 옮김 / 문고판 48p / 값 1,000원
- 하나님의 큰 그림 | 라도나 C. 오스본 지음 · 문지숙 옮김 / 46판 160p / 값 5,500원
- 믿음의 말씀 고백 기도집 | 잔 오스틴 지음 · 김진호 옮김 / 46판 160p
- 하나님의 사랑의 흐름 | 잔 오스틴 지음 · 김진호 옮김 / 46판 48p
- 견고한 진 무너뜨리기 | 잔 오스틴 지음 · 김진호 옮김 / 46판 48p
- 초자연적인 흐름을 따르는 법 | 잔 오스틴 지음 · 김진호 옮김 / 46판 96p
- 당신의 운명을 바꿀 수 있습니다 | 잔 오스틴 지음 · 김진호 옮김 / 46판 96p
- 어떻게 하나님의 능력을 풀어놓을 수 있는가 | 잔 오스틴 지음 · 김진호 옮김 / 46판 96p
- 복을 취하는 법 | R.R.쏘아레스 지음 · 김진호 옮김 / 국판 128p / 값 5,500원
- 주는 자에게 복이 되는 선물 | R.R.쏘아레스 지음 · 김병수 옮김 / 국판 160p / 값 6,000원
- 믿음으로 사는 삶 | 코넬리아 나줌 지음 · 신현호 옮김 · 김진호 추천 / 46판 176p / 값 6,000원
- 그리스도 안에 있는 나를 인정하기 | 마크 행킨스 지음 · 김진호 옮김 / 문고판 48p / 값 1,000원
- 여기서 머물지 말라 | 크리스 오야킬로메 지음 · 김진호 옮김 / 46판 72p / 값 2,500원
- 방언기도학교 31일 | 크리스/애니타 오야킬로메 지음 · 이종훈/김인자 옮김 / 46판 80p / 값 2,500원
- 이제 당신이 거듭났으니 | 크리스 오야킬로메 지음 · 김진호 옮김 / 문고판 64p / 값 1,500원

- 당신의 인생을 재창조하라 | 크리스 오야킬로메 지음 · Paula Kim 옮김 / 국판 48p / 값 2,000원
- 이 마차에 함께 타라 | 크리스 오야킬로메 지음 · Paula Kim 옮김 / 국판 128p / 값 5,000원
- 그리스도 안에 있는 당신의 권리 | 크리스 오야킬로메 지음 · Paula Kim 옮김 / 국판 64p / 값 2,500원
- 당신의 치유를 유지하기 | 크리스 오야킬로메 지음 · Paula Kim 옮김 / 문고판 24p / 값 500원
- 성령님과 당신 | 크리스 오야킬로메 지음 · Paula Kim 옮김 / 국판 64p / 값 2,500원
- 방언의 능력 | 크리스 오야킬로메 지음 · Paula Kim 옮김 / 문고판 48p / 값 1,000원
- 성령님이 당신 안에서 행하실 일곱 가지 | 크리스 오야킬로메 지음 · Paula Kim 옮김 / 국판 80p / 값 3,500원
- 성령님이 당신을 위해 행하실 일곱 가지 | 크리스 오야킬로메 지음 · Paula Kim 옮김 / 국판 72p / 값 3,000원
- 기적을 받고 유지하는 법 | 크리스 오야킬로메 지음 · Paula Kim 옮김 / 국판 64p / 값 2,500원
- 하나님께서 당신을 방문하실 때 | 크리스 오야킬로메 지음 · Paula Kim 옮김 / 국판 80p / 값 3,500원
- 올바른 방식으로 기도하기 | 크리스 오야킬로메 지음 · Paula Kim 옮김 / 국판 64p / 값 2,500원
- 기름과 겉옷 | 크리스 오야킬로메 지음 · Paula Kim 옮김 / 국판 96p / 값 4,000원
- 붉은 줄의 기적 | 리차드 부커 지음 · 황성하 옮김 / 국판 288p / 값 10,000원
- 당신은 이미 가졌습니다 | 앤드류 워맥 지음 · 두영규 옮김 / 국판 320p / 값 11,000원
- 당신이 말한 대로 얻게 됩니다 | 돈 고셋 지음 · 전진주 옮김 / 국판 288p / 값 10,000원
- 예수 - 치유의 길 건강의 능력 | 윌포드 H. 리트 지음 · 김진호 옮김 / 국판 304p / 값 11,000원
- 믿음과 고백 | 찰스 캡스 지음 · 신현호 옮김 / 신국판 384p / 값 12,000원

예닮선교센터
Word of Faith Mission Center

예닮교회	• MISSION – 선교하라고 복 주신 교회 • WORD – 믿음의 말씀을 전파하는 교회 • SPIRIT – 표적과 기사가 함께하는 교회
목회자 컨퍼런스	믿음의 말씀 네트워크 목회자 대상
국제 기독 학교	New Creation International School, 미국 중고등학교 과정 홈스쿨링
예수선교사관학교	새로운 피조물의 계시를 바탕으로, '믿음의 말씀'과 '성령의 능력'으로 구비된 하나님 군대의 장교를 배출하는 사역자 훈련학교 • 홈페이지 : www.ejma.co.kr • 전화 : 031) 8005-8482
믿음의 말씀사	케네스 해긴, T.L. 오스본, 스미스 위글스워스 등 믿음의 말씀 계열 고전 및 대표 서적을 번역·출간하는 전문 출판사 • 홈페이지 : http://faithbook.kr • 전화 : 031) 8005-5483 / 5493

예닮선교센터
Word of Faith Mission Center

경기도 용인시 기흥구 마북동 323-4
Tel : 031) 8005-8894~6
www.jesuslike.org

예수 선교 사관학교

Jesus Mission Academy

당신을 향한 하나님의 계획을 찾아 이루고 싶으십니까?

예수 선교 사관학교는 당신을 위한 훈련소입니다!
예수 선교 사관학교는 '믿음의 말씀'과 '성령의 능력'으로 구비된 하나님 군대의 장교를 배출하는 사역자 훈련 학교입니다.

- 새로운 피조물 – 새 언약의 비밀인 새로운 피조물에 대한 분명한 계시
- 믿음의 말씀 – 말씀이 실재가 되는 능력 있는 그리스도인의 삶

■ 강의 진행
수업 연한 : 1년 (학기제 운영, 매년 연말 입학 지원)
수업 내용 : "믿음의 말씀"에 관한 핵심 이론

■ 모집 대상

모집구분	화요 정규반	온라인 e-JMA
수업방식	매주 화요일(9:30-17:00 종일반) 용인 예닮선교센터에 **직접 출석**	인터넷 eJMA 사이트를 통하여 **온라인 수강**
대 상	믿음의 말씀으로 훈련 받기 원하는 **현직 목회자 및 사역 헌신자**	믿음의 말씀을 배우기 원하는 자
입학전형	서류전형 및 필기, 면접 시험	서류전형만 시행

* 1개 반에만 선택하여 지원할 수 있으며, 입학 후에는 다른 반으로 이동이 불가합니다.

예수선교사관학교
Jesus Mission Academy

경기도 용인시 기흥구 마북동 323-4
Tel : 031) 8005-8482
www.ejma.co.kr